H. Graf Moltke

Wanderungen um Rom

Handschriftliche Aufzeichnungen aus dem Reisetagebuch

H. Graf Moltke

Wanderungen um Rom
Handschriftliche Aufzeichnungen aus dem Reisetagebuch

ISBN/EAN: 9783743672598

Hergestellt in Europa, USA, Kanada, Australien, Japan

Cover: Foto ©ninafisch / pixelio.de

Weitere Bücher finden Sie auf **www.hansebooks.com**

Graf Moltke,

Wanderbuch.

Wanderbuch.

Handschriftliche Aufzeichnungen
aus dem Reisetagebuch

von

H. Graf Moltke,
General-Feldmarschall.

Vierte Auflage.

Berlin.
Verlag von Gebrüder Paetel.
1879.

Inhalt.

Wanderungen um Rom

aus

Graf Moltke's handschriftlichen Aufzeichnungen

ausgezogen und herausgegeben

von

G. v. Bunfen.

— — Or sù, chè 'l giorno è giunto
Che comprender potrei quanto fui bella.
(Fazio degli Uberti.)

I paesi malsani diventano sani per una
moltitudine di uomini che ad un tratto
gli occupi.

(Macchiavelli.)

Wer mit offenen Sinnen und als Geſchichts-
kundiger während der letzten Jahrzehnte
das berühmteſte Brachfeld der Welt, die Campagna di Roma, beſuchte, hat ſicherlich eine der
beiden Moltke'ſchen Karten bei ſich geführt,
die 1852 und 1859 erſchienen* und auch heute

* Carta Topografica di Roma e dei suoi contorni
fino alla distanza di 10 miglia fuori le mura, indicante
tutti i siti ed edifizii moderni ed i ruderi antichi ivi esi-
stenti. Eseguita coll' appoggio delle osservazioni astro-
nomiche e per mezzo della mensola delineata sulla proporzione di 1:25000 dal Barone di Moltke Ajutante in
campo di S. A. Reale il Principe Enrico di Prussia a

noch nicht überflüssig geworden sind. Die ältere, auf zwei Blättern, lenkt das Auge sofort auf die Orte hin, — Veji, fidenae, Mons sacer u. s. w. — um deren Schicksale wir als Knaben fast wie um Troja gebangt haben. Die spätere verkleinerte, ein allerliebstes farbenblatt, veranschaulicht die Bodengestaltung und gewissermaßen das Landschaftliche der denkwürdigen und vielleicht nicht zukunftlosen Gegend. Seitdem haben Papst Pius IX. 1863 und der italienische Generalstab 1876 auf Grund amtlicher Aufnahmen topographische Werke erscheinen lassen,* wofür ihnen

Roma negli anni 1845 a 1846. Berlino presso Simone Schropp e Co. 1852. Gezeichnet vom Artillerie-Hauptmann Weber.

Carta Topografica dei Contorni di Roma, ridotta alla mezza scala della pianta levata in 1845 e 1846 per il Barone di Moltke u. s. w. 1 : 50000. Berlino presso S. Schropp (L. Beringuier). 1859. Gestochen von Steffens unter Leitung von H. Kiepert farbendruck des Kgl. lithographischen Instituts.

* Card. Bofondi: — Carta Topografica di Roma e Comarca, disegnata ed incisa nell' officio del censo, alla scala di 1 : 80000, l'anno XVII del Pontificato di No Signore Papa Pio IX. Acht Blätter nebst Titelblatt.

alle Welt dankbar fein muß. Dennoch ftehen
wir nicht an, dem Wanderer die Benutzung der
deutfchen Arbeit, ihrer befonderen Vorzüge wegen,
auch neben den neueren auf das Wärmfte an-
zuempfehlen.

Es ift die Arbeit unferes großen Strategen,
welcher die ihm durch feine Stellung als Adjutant des Prinzen Heinrich von Preußen in den
Jahren 1845 und 1846 gefchaffene Muße zur
friedlichen Eroberung der wiffenfchaftlich beinahe unerforfchten Einöde benutzte. Damals
war „kein einziger auf wirkliche Terrain-Auf-
nahme bafirter Plan vorhanden". „Eine Schar
talentvoller junger Künftler hatte uns treffliche
Bilder von der einfamen Pracht der Campagna
geliefert; gelehrte Werke waren über Römer-
ftraßen und Mauerrefte gefchrieben worden, —

Carta Topografica dei Dintorni di Roma in 9 fogli,
estesa fino a chilom. 11,250 all' O e all E., e chilom.
9,375 al N. e al S. Questa carta è una riduzione e tras-
formazione dei rilievi regolari eseguiti negli anni 1872,
73, 74 dagli Impiegati dell' Instituto topografico militare.
Farbendruck von Wurfter Randegger u. Co. zu Winterthur.
1876. 1:25000.

aber Niemand hatte das Meßinstrument zur Hand genommen, um ihre Lage genau zu ermitteln. Und doch waren zu verschiedenen Zeiten zwei Standlinien in der Ebene bei Rom mit hinreichender Genauigkeit gemessen worden; die erste von den Jesuiten Mayer und Boscovich auf der älteren Via Appia in der bedeutenden Ausdehnung von fast zwei deutschen Meilen Länge, die zweite von den Astronomen Conti und Calandrelli auf der von Porta S. Angelo nördlich nach der Milvischen Brücke führenden Straße, soweit diese in gerader Linie fortgeht, in einer Länge von 554,465226 Toisen. Von dieser Basis aus waren die Punkte „Kuppel von St. Peter" und „Casino dell' Aurora in Villa Ludovisi" festgelegt und die Entfernung beider im Mittel 1470,595 Toisen oder 3804,637 geom. Schritte gefunden. Außerdem befanden sich im Collegio Romano eine große Anzahl von astronomisch bestimmten Punkten durch den ganzen Kirchenstaat."

Freiherr von Moltke kam im Spätherbste 1845 nach Rom. Nicht lange, so hatte er das Mangelhafte an den Karten des trefflichen West-

phal,* seines Vorgängers Sickler und seiner Nachfolger Canina, Sir William Gell, Nibby durch-
schaut und bereits im Februar 1846 finden wir
ihn in angestrengten Märschen die Umgebung
Roms durchstreifend.

„Die Endpunkte der gemessenen Standlinien

* G. E. Westphal Carta Topografica della parte più
interessante della Campagna di Roma, nebst einem Text-
buch, in Rom 1827 erschienen. 1:60000. — G. E. Westphal Contorni di Roma moderna. Berlin, bei Nicolai.
1829. 1:210000. „Westphal," schreibt Moltke, „lebte
in Rom in sehr beschränkten Verhältnissen. . . . Begabt
mit einer classischen Bildung, regem Eifer und der Eigen-
schaft eines unermüdlichen Fußgängers gelang es ihm nichts-
destoweniger, eine sehr bedeutende Arbeit zu liefern" Beiden
Karten rühmt Moltke die Sorgfalt nach, womit die Lage
der einzelnen Ortschaften bestimmt ist. „Die sichtbarsten
Objecte der Gegend wurden von den astronomisch fest-
gestellten Orten durch sehr gewissenhafte Winkelmessung
mittels des Sextanten gefunden, die übrigen nach Zeitmaß
so genau wie möglich eingetragen." „Der rastlose Wanderer hatte wenig Lohn für seine Mühe. Das Aufnehmen
in dieser schirm- und schutzlosen Gegend, unter einer brennenden Sonne und oft auf einem verpesteten Boden, gewährt zwar ein hohes Interesse, reibt aber die festeste Gesundheit endlich auf. Westphal endete sein mühevolles Dasein
fast ohne Anerkennung dessen, was er geleistet hatte."

waren nicht mehr mit Bestimmtheit aufzufinden und die astronomisch bestimmten Orte fielen mit Ausnahme der Sternwarte des Collegio Romano und der Kuppel von St. Peter sämmtlich über den Rahmen dieser Detailaufnahme hinaus. Es waren aber von der Standlinie bei Porta St. Angelo die Punkte Casino dell' Aurora in Villa Ludovisi, das Kreuz auf St. Peter und die Mitte der Loggia in der Vigna Negroni durch trigonometrische Dreiecksverbindung sehr genau gemessen.

Der Abstand der beiden erstgenannten Punkte nach Westphal 1470,595 Toisen, bildet die Basis der Aufnahme, die durch geometrische Construction gefundene Lage von Vigna Negroni und Collegio Romano stimmte mit der trigonometrisch-astronomischen Ermittelung. Von den genannten Punkten ließ sich nun leicht ein sehr vollständiges Netz von besonders sichtbaren Objecten in der Umgebung der Stadt festlegen, und mit noch hinreichender Sicherheit bis an die Grenze der beabsichtigten Aufnahme ausdehnen. Die Punkte, welche hierzu, wegen der freien und weiten Umsicht, vorzugsweise dienten, waren St. Peter, Terrasse des

Monte Pincio, St. Pietro in Montorio, Kreuz auf Monte Testaccio, der Churm des Capitols, dann außerhalb der Stadt Villa Mellini, Schuppen auf dem Hügel, wo Antemnae lag, das flache Dach auf Villa Patrizi, Churm des Casale bei Pazzi, Tor di Schiavi. Von Objecten, welche eine Aufstellung nicht wol erlaubten, aber besonders sichtbar waren, nennen wir vorzugsweise die Pinie auf Monte Mario, zwei Pinien bei Buon ricovero, Tor del Quinto, das Grab der Cecilia Metella, den Giebel von S. Paolo, den Churm südlich Porta Furba an der Wasserleitung des Claudius.

Für die Aufnahme wurde der Maßstab von 1:25,000 gewählt, derselbe, welcher der Landesvermessung des königl. Preußischen Generalstabs zu Grunde liegt. Die Orientirung ist nach dem magnetischen Nord. Die ermittelten Firpunkte waren auf neun Meßtisch-Blätter vertheilt, von welchen jedes nicht ganz eine Geviertmeile Flächeninhalt hat. Auf dem mittelsten wurde die alte Stadtmauer von Rom vermessen und innerhalb dieser Mauer die nöthigen Orientirungspunkte bestimmt. Die Straßen, Plätze

9

und einzelnen Gebäude konnten beim Stich einfach durch Reduction der vorhandenen Pläne
eingetragen werden. Es war dagegen eine ziemlich mühevolle Arbeit, das Terrain darzustellen,
welches die sogenannten sieben Hügel bildet, indem Häuser und Gärten die Umsicht erschweren
und Terrassen, oft von sehr bedeutender Höhe,
den natürlichen Zusammenhang unterbrechen.

Die Aufgabe, welche dieser Arbeit gestellt
schien, erforderte nicht die absolute Genauigkeit
einer Kataster-Karte, sondern nur die eines
Croquis, welches den Wanderer in der Campagna
orientiren, ihn beim Aufsuchen geschichtlich in-
teressanter Oertlichkeiten leiten sollte. Netzlegung
und Detailaufnahme wurden mittels eines sehr
leichten Meßtisches und einer an das Diopter
befestigten Boussole bewirkt. Von den zahlreich
zuvor bestimmten Firpunkten aus konnten die
zwischenliegenden Objecte, bei ihrer Nähe, noch
mit genügender Sicherheit, unter Zuhilfenahme
des Schrittezählens, mit dem erwähnten einfachen
Instrument festgelegt werden. Die Kürze der
gegebenen Zeit erforderte das einfachste Verfahren.

Die größere Hälfte der vorliegenden Aufnahme war auf diese Weise Anfangs Juni vollendet, als eine Hitze von 30° Reaumur im
Schatten die vorläufige Einstellung der Arbeit
auf dem Felde veranlaßte."

Jetzt erst kam die verdienstliche Reduction
einer neuen Kataster-Karte des Cardinals Falzacappa* dem gelehrten Soldaten zu Gesicht. „Die
bis jetzt erzielten Resultate konnten einigen Gelehrten und einflußreichen Männern vorgelegt
werden, welche Interesse daran nahmen. Mit
der größten Bereitwilligkeit theilte man auf dem
Collegio Romano die sämmtlichen astronomischen

* Card. G. F. Falzacappa: Carta Topografica del
Suburbano di Roma, desunta dalle mappe del nuovo cen-
simento e trigonometricamente delineata nella proporzione
di 1:15000 nell' anno 1839. Zwei Blätter. „Diese Karte,"
schreibt Moltke, „umfaßt nur die Stadt und die sie um-
gebenden Weinberge. Das Terrain ist innerhalb dieser
Grenze, wie überhaupt bei Kataster-Karten, mangelhaft dar-
gestellt, die Höhen meist nur in ihren stärkeren Böschungen
angedeutet. Das Besitzthum, die Feldmarken der einzelnen
Vignen und Tenuten war der eigentliche Gegenstand dieser
schätzenswerthen Arbeit. . . . Im Stich läßt die Ausführung
viel zu wünschen übrig."

Ortsbeſtimmungen mit und Monſignor della Spada, damals Presidente degli armi oder Kriegsminiſter, ſtellte die Benutzung der Original-Kataſter-Aufnahmen in Ausſicht." Moltke „fing an zu hoffen, daß er ſeiner Arbeit mit der Zeit eine ſehr viel größere Ausdehnung werde geben können, als ein betrübendes Ereigniß ihn plötz-lich aus Rom abrief." *

„Anfangs Auguſt kehrte er nochmals dahin zurück und nun bedurfte es während der aller-ungünſtigſten Jahreszeit der größten Anſtrengung, um wenigſtens die Feldarbeit zu vollenden, wenn-gleich das Auszeichnen verſchoben bleiben mußte. Am 20. September war nicht allein der ur-ſprünglich entworfene Rahmen ausgefüllt, ſon-dern auch das geſchichtlich ſo intereſſante Terrain von Veji und an der Allia mit aufgenommen. In dem Zeitraume von kaum ſechs Monaten waren zehn Geviertmeilen vermeſſen; — was zur billigen Beurtheilung der Karte angeführt werden muß," fügt der damalige Major v. Moltke bei, deſſen Einleitung zu einem den Karten bei-

* Der Tod des Prinzen Heinrich, welchen der Major v. Moltke dem Könige zu melden nach Berlin reiſte.

zugebenden Textbuche die obigen Anführungen entnommen sind.

Eine Bleistift-Bemerkung am Rande einer fröhlich begonnenen Seite lautet: „Fortsetzung ad calendas graecas!" Was bleibt uns da anders übrig, als auf den schriftstellerischen Abschluß von Moltke's römischem Werke zu verzichten? Und doch meinen wir, es dürfe unser Geschlecht der Freude und der Belehrung nicht verlustig gehen, die schon zu lange in vergilbten Blättern geruht hat. Auch Italien hat das Recht, aus Moltke's Munde bestätigt zu hören, was seine Staatsmänner und besten Bürger*

* Zur Zahl dieser besten Bürger Italiens rechnen wir auch Herrn Alfred von Reumont, der sich bereits im Jahre 1842 in seiner Denkschrift: Della Campagna di Roma, und später in seiner Geschichte Roms das Verdienst erworben hat, unter Abweisung phantastischer Erklärungen und Heilungsversuche auf die Mittel und Wege hinzuweisen, die allein den alten Gesundheitszustand wieder herbeizuführen im Stande sein dürften. Die Aufgabe wird durch zwei neu hinzugetretene Umstände außerordentlich erleichtert: die Aufhebung des alten Erbrechtes, und die Einführung des Eucalyptus globulus, jenes Wunderbaumes, dem Algier und Süd-Frankreich bereits so viel Segen verdankt.

zu fordern nie aufgehört, Einige in neuerer Zeit auch selbstthätig zu fördern begonnen haben*: — die Wiederbevölkerung der Campagna di Roma mit ackerbautreibenden Menschen.

Wie munteren Sinnes der preußische Major an seine topographische und schriftstellerische Aufgabe herangetreten war, möge aus den folgenden Schlußworten eines Abschnittes ersehen werden:

„Die Mühe der Arbeit ist dem Verfasser reichlich belohnt durch die Freude, welche sie ihm gemacht hat. Möchte die Aufnahme auch Anderen nützlich werden und möchte bald ein Nachfolger sich finden, der mit demselben Eifer, aber mit

* Ein Fürst Aulpigliosi hatte bereits in den ersten Jahrzehnten dieses Jahrhunderts auf seinen Besitzungen bei Zagarolo einige Strecken Landes den Einwohnern zur Erbpacht angeboten. Freudig war man dem Aufrufe gefolgt, die dürren Weidenflächen prangten in bestem Anbau, die Gesundheit verbesserte sich. Aber sein Beispiel hat anscheinend keine Nachfolge gefunden; die allmälig, von der Stadt einerseits, vom Albaner-Gebirge andererseits sich ausbreitenden Zonen reicher und heilbringender Cultur, die so Mancher bereits geträumt hat, verbleiben immer noch dem Traumlande zu eigen.

mehr Fähigkeit und Muße den Plan vor Allem
bis über das Albaner-Gebirge und bis zur Tibermündung ausdehnt. Dir, meinem unbekannten
Nachfolger, weissage ich große Freude an Deiner
Arbeit in jener herrlichen Gegend. Wol ist es
ein wonniges Gefühl, in der Morgenfrische durch
die noch schlummernde Stadt zu fahren, hinaus
aus den engen Gartenmauern in die freie weite
Ebene, dort mit geschonten Kräften das Tage-
werk zu beginnen. Du wählst einen erhabenen
Standpunkt, um Dich zu orientiren, und während
die Nadel einspielt, schweift Dein Blick über das
prachtvolle Panorama rings umher. Tiefe Stille
herrscht durch die einsame Gegend, und selbst
der Schall der Glocken dringt von den 360
Kirchen auf den sieben Hügeln nicht mehr bis
an Dein Ohr. Kein Haus, kein Mensch ist
sichtbar, nur schön gefärbte Eidechsen schauen
von dem alten Mauerwerk mit klugen Augen
auf Dein Beginnen und stürzen dann eilig davon. Jetzt schwebt die strahlende Scheibe der
Sonne über das Sabiner-Gebirge hinauf, und
ein sanftes Rauschen durchschauert die breiten
Gipfel der Pinien. In den klarsten Umrissen

erkennst Du die drei oder vier Meilen entfernten Gegenstände, die Villen am Saum der waldigen Höhen von Frascati und die blendenden
Segel auf dem tiefblauen Meer. — Doch die
Arbeit will gefördert sein, Du darfst die Gegend
nicht länger in ihrer malerischen Wirkung, Du
mußt sie in ihrer physischen Beschaffenheit auf-
fassen. Das führt Dich nun durch felsige Wald-
schluchten und breite Wiesenthäler, über buschige
Hügel auf freie Höhen. Von jeder derselben
stellt das herrliche Bild sich in neuen Verschie-
bungen dar, während Deine Planchette dem
Boden das Geheimniß seiner Scenenkünste ab-
zwingt.

Aber an Mühsal und Beschwerlichkeit wird
es auch nicht fehlen. Dein Begleiter, dessen
Kräfte nicht durch dasselbe Interesse getragen
werden wie die Deinen, verwünscht schon lange
innerlich il brutto suo mestiere. Sein
zögernder Schritt erinnert Dich plötzlich, daß
acht oder neun Arbeitsstunden Dir unbemerkt
entschwanden. Dein Wagen ist an einen Punkt
bestellt, der vielleicht noch eine Meile seitwärts
liegt; denn beim Aufnehmen wie bei der Jagd

weiß man selten genau, wohin die Schritte
führen. Die Sonne sendet glühende Strahlen
und nirgends entdeckst Du einen Born, um
Deinen brennenden Durst zu stillen. Du schlägst
den Rückweg in gerader Linie ein; er führt Dich
über eine jener ausgedehnten Flächen, auf welchen die Ochsenheerden weiden. Neugierig erheben die silbergrauen Riesen ihre gewaltigen
Hörner in die Luft, und plötzlich stürzt die ganze
Schar hinter Dir drein, daß der Boden erbebt.
Du hältst an, und sie stutzen vor dem ihnen ent-
gegengebreiteten Regenschirm; aber kaum wen-
dest Du Dich zum Rückzug, so folgen sie im
schwerfällig ungewissen Trabe nach, und froh
darfst Du sein, wenn Du Dich endlich über den
Lattenzaun schwingst, welcher die weiten Koppeln
scheidet.

Recht ernstliche Noth hat man zuweilen,
wenn die zur Bewachung der Schafheerden bestimmten, halbwilden Hunde sich zu einem ge-
meinschaftlichen Angriff verbünden; widerlicher
aber sind die in unglaublicher Menge vorhandenen Schlangen, zum Theil recht giftiger Natur.
Sie schießen unter Deinen Füßen hervor aus dem

dürren Grase und hängen in den Zweigen der Büsche, durch welche Du Dich durchdrängen mußt. Man ist genöthigt, hohe und schwere Stiefel zu tragen, die beim anhaltenden Gehen sehr lästig werden. Mit zerrissenen Kleidern und wunden Füßen, ermattet von Hunger und Anstrengung kehrst Du zurück; aber Du entdecktest vielleicht ein Grabmal, eine Inschrift, einen Säulenschaft oder ein Stück Lavapflaster, welche noch kein Plan und kein guide voyageur angibt, und stolz trägst Du diese Beute nach Haus. Hat doch Jeder von seinem Wirken

nur die Mühe und die Schmerzen
und wofür er sich hält in seinem Herzen."

Die Einleitung zu Moltke's unvollendetem Werke über die Umgegend Roms lautet wie folgt:

„Geschichtliche Begebenheiten gewinnen einen eigenthümlichen Reiz, wenn wir die Oertlichkeit kennen, wo sie sich zutrugen. In den lebendigsten Farben treten sie dem vor die Seele, welcher sich auf ihrem eigentlichen Schauplatz befindet, und wie wir einen regeren Antheil nehmen an den Schicksalen eines Mannes, dessen

Gesichtszüge wir kennen, ebenso prägen sich dem Gedächtniß die Vorgänge tiefer ein, deren räumliche Bedingungen wir anschauten. Geschichte und Ortskunde ergänzen sich wie die Begriffe von Zeit und Raum.

Die Oertlichkeit ist das von einer längst vergangenen Begebenheit übrig gebliebene Stück Wirklichkeit. Sie ist sehr oft der fossile Knochenrest, aus dem das Gerippe der Begebenheit sich herstellen läßt, und das Bild, welches die Geschichte in halb verwischten Zügen überliefert, tritt durch sie in klarer Anschauung hervor.

Jahrtausende freilich, welche die festesten Bauten umstürzen, gehen nicht spurlos vorüber an der größten aller Ruinen, der Muttererde. Der Anbau glättet ihre Oberfläche aus, Wälder verschwinden, Bäche versiegen und tarpejische Felsen ebnen sich zu sanfteren Hängen ab. Aber dies Alles ändert, wir möchten sagen, nur die Hautfarbe der Alma mater, ohne ihre Gesichtszüge unkenntlich zu machen. Wo die Naturkräfte gewaltsam mitwirkten, wo Vulkane und Erdbeben, Ueberschwemmungen und Versumpfungen in geschichtlicher Zeit den Boden umwandelten, da geschah es doch nur auf beschränktem und wohl bekanntem Gebiet.

Von vielen Gegenden darf man aber behaupten, daß sie seit Jahrtausenden wirklich unverändert geblieben sind. Das Meer in der steten Wandelbarkeit seiner Wogen stellt sich uns in derselben großartigen Einfachheit dar, wie einst den Argonauten. Der Beduine tränkt seine Rosse und Kameele noch an den nämlichen Quellen und weidet seine Heerden auf denselben grünen Flächen, wie Abraham und Muhammed. Die mit Basalttrümmern überschütteten Ebenen am mittleren Euphrat bieten dem heutigen Wanderer eben den trostlosen Anblick dar, wie den Grenzwächtern des Römischen Reichs, und viele der Thäler um Jerusalem zeigen sich unserem Blick gewiß gerade so, wie sie dem Erlöser erschienen, als er noch auf Erden wandelte.

Und so ertheilen wieder die Begebenheiten den Orten ihre Weihe. Daher der Zauber, der im bloßen Namen liegt. Der verödete Hügel von Bunar-baschi und das kahle Sandufer von Kumkaleh würden den Blick des Besuchers nicht lange fesseln, wüßte er nicht, daß dort Pergamos

feine Zinnen erhob, hier die Schiffe der Achäer
auf den Sand gezogen lagen. Selbst dann,
wenn die Forschung eine Ueberlieferung nur
noch als Fabel bestehen läßt, bezieht sich diese
doch meist auf eine ganz bestimmte Oertlichkeit,
welche der ursprüngliche Erzähler im Auge
hatte. Ob je die Griechen Ilios bestürmten,
mag ungewiß sein; aber unzweifelhaft ist, daß
der blinde Sänger die Gegend östlich der Dar-
danellen-Mündung ganz genau kannte. Romulus
selbst und Herakles mögen immerhin bloße
Mythen sein; aber was von ihnen gedichtet
wurde, ist wirklich, soweit es sich auf den Schauplatz ihrer Thaten bezieht. Eine Erzählung
kann geschichtlich unwahr und örtlich vollkommen
genau sein.

Wichtig für die kritische Beurtheilung ist,
daß eine genaue Kenntniß der Oertlichkeit die
phantastischen Gebilde der Ueberlieferung auf
ihren wahren Maßstab zurückführt. So ist die
ältere römische Geschichte offenbar eine durch
vaterländische Begeisterung ausgeschmückte Fabel.
Mancher Heereszug mit Siegen und Trophäen
erscheint nur noch als die Raufereien der Acker-

bürger zweier Landstädte, deren Feldmarken an-
einander gränzten, wenn wir den engen Raum
auf den Hügeln von Antemnae und Fidenae
betrachten und die Entfernung einer halben
Wegstunde bedenken, die sie vom palatinischen
Hügel trennt. Wer wird deshalb die schönen
Schilderungen Plutarchs und Livius' weniger
anziehend finden? Auch die Sage knüpft sich
an die Wirklichkeit, sie wurzelt in ihr, und die
beiden Geistesrichtungen,

der Durst nach Wahrheit und die Lust am Trug,

schließen sich gegenseitig nicht aus. Die Aufgabe, welche wir uns stellen, wird nicht sein,
die Fabel von der Wirklichkeit zu scheiden, sondern beide mit derjenigen Oertlichkeit zu ver-
binden, auf welche sie sich jedes Mal beziehen.

Nicht Jedem ist es vergönnt, sich an dem
Anblick geschichtlich merkwürdiger Punkte zu
erfreuen und zu belehren. Die Abbildung muß
dann die Wirklichkeit ersetzen. Sie zieht in den
engen Kreis des Stubengelehrten, was ihm auf
andere Weise nicht erreichbar ist. Aber auch
dem vom Glück mehr Bevorzugten wird ein

Wegweiser an Ort und Stelle nicht unwill-
kommen sein, welcher die Meinung Anderer
zusammenstellt, ohne die seinige zu beschränken.

In diesem Sinne übergeben wir nicht sowol dem gelehrten, als dem gebildeten Publicum
die nachfolgenden Blätter als Begleitung zu
unserer Aufnahme der Umgegend von Rom.
Sie enthalten keine neuen Entdeckungen auf
dem Gebiete der Geschichte und der Kritik, sondern sie bringen nur die Meinungen der Forscher
in den Rahmen sorgfältig geprüfter und berich-
tigter Ortsverhältnisse. Die Darstellung kann
natürlich nur eine aphoristische sein; eine Schnur
bunter Steine, aufgereihet an dem Faden eines
Spazierganges durch eine in allen ihren Theilen
anziehende Oertlichkeit.

Denn kaum wird es auf dem weiten Erden-
rund einen Raum geben, wo so viele und so
große Handlungen vollbracht wurden, als der,
welchen die engen Grenzen unserer Karte umfassen. Vier Jahrhunderte brauchte das junge
Rom, um diese Landscholle zu erkämpfen, ebensoviel Zeit, als es von da an bedurfte, um sich
den Weltkreis zu unterwerfen. Die ersten und

schönsten Thaten der Republik wurden in der Ebene zwischen Veji und dem Fuß des Albaner-Gebirgs vollbracht. Freilich fallen sie meist dem Gebiet der Fabel anheim, denn mit dem Beginn der Geschichte greifen die Unternehmungen Roms bald weit über diese enge Grenze hinaus. Aber die Wirkungen kehren auf unser Gebiet zurück. Von hier verbreiteten sich strahlenförmig jene mächtigen Heerstraßen, welche über Berge und Flüsse, durch Wälder und Moräste bis an den Rhein und den Euphrat ausgedehnt wurden. Zahllose Trümmer von Gräbern bezeichnen ihre Richtung in der Nähe der gewaltigen Stadt. Hatten einst die Wälder dem Ackerland Platz gemacht, so war in der Blüthe der Kaiserzeit dieses durch prachtvolle Landhäuser und Gärten fast ganz verdrängt, bis endlich mit dem Verfall des Reichs Alles in eine weite Wüste umgewandelt wurde.

Der Sitz des Imperiums wurde an den Bosphorus verlegt, und wirklich scheint die Natur selbst Byzanz zur Hauptstadt der drei Welttheile unserer Erdhalbkugel bestimmt zu haben. Rom war groß geworden durch seine

Männer, Constantinopel wurde es durch seine Weltstellung zwischen zwei Meeren und im Mittelpunkt des alten Festlandes. Aber so gewaltig war der Einfluß, den Rom einmal gewonnen und während tausend Jahre behauptet hatte, daß es sich durch ein neues geistiges Moment aus fast unglaublichem Verfall zum zweiten Mal zur Hauptstadt der Welt emporschwang. Die römische Herrschaft, sagt Ranke, hatte in dem menschlichen Geschlecht zuerst das Gefühl seiner Gemeinschaft erweckt. Erst durch sie gelangten die Völker dahin, den Gedanken an einen allgemeinen Gott zu fassen. In diesem Moment der Weltentwickelung ward Christus geboren. Unscheinbar war sein Leben. Aus einem unterjochten Volke hervorgegangen, hatte er nicht, da er sein Haupt hinlege. Zu den Fischern redete er in Gleichnissen von Gott, heilte Kranke und starb den Tod eines Missethäters. Und doch hat es Nichts auf Erden gegeben, was reiner, erhabener und — auch vom weltlichen Standpunkte betrachtet — folgenreicher gewesen, als sein Wandel, seine Lehre und sein Tod.

Nach Rom wandten sich vorzugsweise die
beiden großen Apostel Petrus und Paulus; denn
Rom war der Hebel, der die Welt in Bewegung
setzte. Bei den Armen, den Unterdrückten und
Schwachen fand ihre Lehre Eingang. Duldender
Gehorsam und Hingebung bis in den Tod
waren die Waffen der Gläubigen, und diese
Lehre der Demuth siegte über das Heer, den
Senat und die Kaiser. Aus den Katakomben
stieg die Verehrung der Märtyrer hervor. Säulen
und Altäre der Olympier schmückten von jetzt
an die Tempel des alleinigen Gottes. Das Bild
des Cäsaren wich aus der Apsis, um dem des
Erlösers und der Apostel Platz zu machen, und
das Kreuz, das Werkzeug schmachvollen Todes,
wurde zum Zeichen des Siegs und der Herrlich-
keit erhoben.

Die christliche Kirche erhielt ihre Gestaltung
durch das Römische Reich. Rom wurde der
Mittelpunkt der Christenheit. Dort hatten die
meisten Bekenner geblutet, und die ersten dreißig
Bischöfe waren sich nicht nur im Amt, sondern
auch im Martyrthum gefolgt. Die Cäsaren selbst
förderten das Emporkommen einer patriarcha-

lischen Autorität, und als das abendländische
Reich zusammenbrach, war die christliche Kirche
gegründet.

Nachdem Pipin die Schlüssel der in Italien
eroberten Städte auf den Altar St. Peters
niedergelegt, war auch die weltliche Macht der
Päpste gegeben. Freilich folgten noch Jahrhunderte der Unterordnung, der Auflehnung
und des Kampfes; aber seit Gregor VII. hatte
das Papstthum sich emancipirt. Wahrhaft großartig ist seine Stellung im 13. Jahrhundert.
Die päpstlichen Legate treten wie römische Pro-
consuln auf, Italien und Deutschland gehorchen
ihnen mehr als den Kaisern, Spanien wird dem
Moslem, Preußen den Heiden abgenommen.
Der König von England empfängt sein Reich
zu Lehn vom Papste und Hunderttausende ziehen
auf seinen Wink zu den Kreuzzügen aus.

Aber der Glücksstern der Stadt Rom folgte
dem glänzenden Aufschwung nicht, welchen das
römische Papstthum nahm. Je mächtiger nach
Außen, je schwächer war es nach Innen. Während des ganzen Mittelalters war Rom im
beständigen Sinken. Man konnte an den voll-

kommenen Untergang dieser Stadt glauben, in welcher ein ungebändigter Adel sich selbst und das geistliche Oberhaupt befehdete. Trümmer häuften sich auf Trümmer, die Straßen verschwanden, die Gegend bildete eine Wüste. Die Luft verpestete. Selbst die Päpste hatten Rom verlassen, wie man aus einem einstürzenden Hause flieht.

Sixtus V. wagte es, mitten unter diesen Schutthaufen eine neue Stadt zu gründen.

Eine Reihe ausgezeichneter Männer, welche sich auf dem Sitz St. Peters folgten, setzten das Werk fort, stellten die Ruhe im Innern her und suchten das Land einer gänzlichen Verödung und Versumpfung zu entreißen.

Die wechselnden Schicksale, welche über die Stadt und die Umgegend hinschritten, haben tiefe und unverwischliche Spuren hinterlassen. Die Trümmer eines Jahrtausends lagern durch und über die Trümmer des anderen. Was die verschiedenen Zeitalter schufen, ist meist zerstört; was sie verwüsteten, ist geblieben. Das Mittelalter baute mit den Werkstücken des Alterthums, und doch ist die Ruinenstadt auf den Hügeln noch heute größer als die moderne auf dem Marsfeld. Das jetzige Leben vermag nur einen Theil der alten Mauer des Honorius auszufüllen. Gärten und Weinberge umschließen diesen Kern in der Ausdehnung einer Meile; Alles, was darüber hinaus liegt, ist bis zum Fuß der Berge eine Wüste geblieben.

So gewährt diese öde Campagna di Roma einen unbeschreiblichen Reiz. Sie ist die Heimath der Gegensätze, einer Vergangenheit des reichsten Lebens, einer Gegenwart der tiefsten Stille. Die Burg der Gaetani klebt an dem Grabe der Metella, und die Kuppel des Michel Angelo erhebt sich über dem Circus des Nero. Die Gräber der Märtyrer liegen zwischen den Columbarien der Heiden, moderne Chausseen ziehen durch die Bogen antiker Wasserleitungen. Von jenen Hügeln, wo Pyrrhus lagerte, blickt die vom Blitz zerschmetterte Eiche des Taffo. Dampfschiffe durchschneiden die Fluth des blonden Tiber und bald werden Eisenbahnzüge durch die Felder brausen, wo der Wagen der Triumphatoren einzog.

Die Vergangenheit dieser Erdscholle ist so

gewaltig, daß sie die Gegenwart übertönt. Jeder Gang vor die Thore Roms führt uns an ein Denkmal großer Erinnerungen; aber sie gehören den verschiedensten Zeitaltern an. Wenige Schritte bringen uns von einem Schlachtfeld der Republik an ein Raubschloß des Mittelalters, von dem Nymphäum eines Flußgottes zu der Capelle eines Heiligen, und Minuten trennen räumlich, was geschichtlich Jahrhunderte auseinanderliegt." —

Drei weitere Auszüge aus der werthvollen Handschrift sollen dem Leser das Resultat der Studien Moltke's über die Entstehung des Bodens der Campagna, — über das älteste Aussehen der Gegend von Rom, als sie bewohnter zu werden anfing, — endlich über das Klima vorführen.

I.

Ohne uns in geognostische Muthmaßungen allzuhoch zu versteigen, dürfen wir folgendes als hinlänglich begründete Wahrscheinlichkeit aufstellen.

Das Meer rollte einst seine Wogen über die ganze Landfläche, welche heute den Namen der römischen Campagna trägt. Bis zum Gipfel des Monte Mario, ¹/₄ Meile nördlich von St. Peter, 440 Fuß über dem jetzigen Meeresspiegel, finden sich ganze Bänke von Austerschalen und Panzern anderer, dem Salzwasser angehöriger Thiere.

Diese größte Höhe bei Rom erschien damals als Sandbank oder Untiefe in dem weiten Meerbusen, welcher erst durch den Apennin und seine Verzweigungen begrenzt ward. Zu jener Zeit bildeten Narni und Tivoli die Mündungen des Tiber und des Teverone in's Meer; der Monte Soracte und Monte Circeo, 2270 und 2000 Fuß hoch, erhoben sich als Inseln aus der Fluth, gerade so, wie heute Capri und Ischia aus den Wellen sich erheben.

Dies war der Zustand zu Ende der secundären Periode und zu Anfang der tertiären. Damals lagerte sich der Mergel, der gelbe Sand und der Kies ab, welcher in großen Massen und zu bedeutender Höhe in die Thäler hinauf reicht. Gestört wurde derselbe durch die große vulkanische Thätigkeit, welche an der ganzen Westküste Italiens von Siena bis Neapel ihre Spuren hinterließ und an mehreren Punkten noch heute fortwirkt. —

Ob das Meer allgemein so bedeutend gesunken, ob der Boden desselben hier, durch die Ausdehnung der Gase so sehr gehoben, ob derselbe durch den Answurf der Vulkane in dem

Maße überschüttet wurde, daß er sich als trockenes Land darstellte, oder ob alle diese Potenzen zusammen wirkten, mag unerörtert bleiben. Ohne Zweifel aber tauchten die ersten Krater aus den Fluthen empor. Wir werden die Gründe für diese Behauptung sogleich anführen; an sich ist es schon wahrscheinlich, daß die bis auf einen sehr hohen Grad gespannten Gase die Erddecke zuerst da sprengten, wo sie am dünnsten war, also an den tieferen, mit Meer bedeckten Stellen.

Die älteste Gebirgsbildung der Gegend ist der secundäre Kalkstein, wie wir ihn in ungeheueren Massen von regelmäßiger Schichtung östlich im Sabiner- und südlich im Volsker-Gebirge anstehend finden. Die höchsten Spitzen dieser Berge sind bis jetzt nicht genau gemessen, sie dürften sich aber kaum über 4—5000 Fuß erheben. Das Kalkgebirge ist frei von Erzgängen und organischen Körperbildungen und zeigt dieselben schroffen Formationen, wie wir sie in den Voralpen erblicken.

Nächst diesem weißgrauen Kalkstein bildete sich wol unter unmittelbarer Einwirkung des Meeres der Sandstein, welcher die Grundmasse

des Monte Gianicolo ausmacht, jener Hügel-
kette, auf der die westliche Stadtmauer Roms
ruht und deren höchster Gipfel der Monte Mario
ist. Ein großer Theil dieses Gesteines besteht
aus Stücken, welche im Kalkgebirge anstehend
gefunden werden und von dort abgespült sein
mögen. Alle übrigen Gebirge der Umgegend
von Rom zeigen entweder die Zerstörung der
früheren Kalkformationen durch Eindrängung
plutonischer Massen, oder sind ganz und gar
vulkanischen Ursprungs.

In erster Beziehung sind die Berge von
Tolfa und Alumiera zu nennen, welche die
Campagna nördlich von Civitavecchia bis Viterbo
begrenzen. Der secundäre Kalkstein an ihrem
Südfuß ist von Trachytadern durchdrungen,
welche die Felslager zunächst in Gyps verwan-
delten. Das Vorkommen des Alaunsteins scheint
durch die Einwirkung des Trachyts bedingt,
welcher die Kalkmassen auf die Seite schob, oft
ganz abtrennte.

Außer dem Alaunstein enthält das Gebirge
Eisen, Blei und Zink, nirgends aber eine Spur
von organischen Körpern.

Der Trachyt bildet weiter nördlich auch die Gipfel des Monte Amiata und Cimini.*

Obschon das Feuer dieser Vulkane bereits zu einer vorgeschichtlichen Zeit erlosch, so finden sich doch die unzweideutigsten Spuren ihres Wirkens in großer Zahl. Die ganze Gruppe des Albaner-Gebirges bildet einen gewaltigen Kegel, dessen Krater mehr als eine deutsche Meile im Durchmesser hält. Dieser Krater mochte durch den Vulkan selbst bereits verschüttet sein, als aus seiner Mitte, wie beim Vesuv, ein neuer, 500 Fuß hoher Kegel sich erhob, dessen ebenfalls jetzt verschüttete Mündung das sogenannte Campo di Annibale ist. Die Wände dieses Trichters bilden im Monte cavo die größte Höhe des Albaner-Gebirges und erheben sich 2965 Fuß über den Meeresspiegel. Sie stürzten ebenso wie die des älteren, größeren Kraters in der Richtung auf Grotta ferrata ein, so den Wassern Abfluß gewährend. Durch die Umwallung des älteren Trichters, welche nur an der Nord- und Ostseite erhalten ist, brachen ferner zwei neue

* Osservazioni geologiche sul Monte Amiata, del Marchese Lorenzo Pareto. Roma 1844.

Vulkane hervor. Sie werden deutlich wahrge-
nommen in dem See von Albano (lago di
castello) und dem von Nemi. Die Spiegel
dieser Wasserbecken liegen 919 und 1022 Fuß
über dem des Meeres. Die einschließenden
Wände erheben sich gegen 400 Fuß höher und
die Tiefe der Wasser dürfte leicht ebensoviel
betragen.

Diese Umwallung, welche nach Innen steil
und felsig abfällt, nach Außen sich allmälig ver-
flacht, ist von so fester Beschaffenheit und so
wohl erhalten, daß beide Seen ganz ohne zu
Tage liegenden Abfluß sind. Wahrscheinlich
fanden jedoch die Wasser einst einen unter-
irdischen Weg, welcher erst durch Erdbeben oder
aus anderen zufälligen Ursachen sich verstopfte.
Denn die geschichtliche Kunde von dem Gefahr
drohenden Anschwellen des Sees von Albano
hat sich bis auf uns erhalten. Das Wasser stieg
bis beinahe an den Rand des Kraters, also um
mehr als 500 Fuß, und man befürchtete mit
Grund eine Ueberfluthung oder einen noch ver-
derblicheren Durchbruch, welcher die damals so
reichbebaute Ebene gänzlich verwüstet haben würde.

Aus der Gesammtmasse des Albaner-Kegels traten ferner noch als Vulkane hervor die von Anhöhen umschlossene, jetzt trockene Ebene Valle aricina und laghetto, und als der Hauptgruppe angehörend können noch genannt werden die Seen von Giulianello, Gabii und Regillo. Diese kleinen, tiefliegenden Vulkane haben keine eigentlichen Trichter oder Umwallung. Wahrscheinlich wirkten sie nie anders als unter dem Spiegel des Meeres, dessen Wogen die von ihnen ausgeworfenen Massen wegspülten. Von dem Kessel von Agnani und der Solfatara bei Tivoli erscheint es zweifelhaft, ob sie zu den Vulkanen gezählt werden dürfen.

Unverkennbar sind dagegen die ringförmigen, bedeutenden Anhöhen von Baccano und Bracciano. Der erstgenannte Vulkan hat seinen Krater mit Schutt zur Ebene ausgefüllt. Durch die gegen Südost eingestürzte Umwallung fließt der Fiume della Valca dem Tiber zu. Aehnlich wie bei Albano scheinen auch hier zwei spätere Ausbrüche stattgefunden zu haben, durch welche die jetzt mit Wasser erfüllten Trichter von Straccia cappa und Martignano in die ursprüngliche Umwallung hinein gesprengt worden sind. Viel bedeutender ist noch der von einem kreisrunden See erfüllte Krater von Bracciano. Derselbe ist fast genau von demselben Durchmesser, wie der Hauptkrater des Albaner-Vulkans, und seine ebenfalls in der Richtung auf Rom eingestürzte Ringmauer erhebt sich bei Rocca romana über 2000 Fuß. Endlich spricht die Form des Lago di Vico (1¼ Meilen südlich Viterbo) dafür, daß er sein Entstehen einem vulkanischen Ausbruche verdankt.

Alle diese vereinzelten Gebirgsgruppen vulkanischen Ursprungs unterscheiden sich schon auf den ersten Anblick wesentlich von den zusammenhängenden Zügen der älteren Kalkbildung. Sie zeigen nicht jene schroffe Alpenformation mit tief eingerissenen Thälern und zackigen Gräten, sondern sind leicht erkennbar an der Kegelbildung mit sanften Abhängen, wie sie der natürliche Schüttungswinkel von Sand, Asche und Gerölle gestattet. Denn der eigentliche feste Kern dieser Berge, die Lava und der Basalt kommen auf der Oberfläche nur selten zu Tage.

In welchen Zeitabständen nun alle jene

Vulkane auftauchten, darüber läßt sich kaum eine Vermuthung aufstellen; daß aber ihre Thätigkeit eine zu verschiedenen Zeiten auf einander folgende gewesen ist, geht aus der Stellung der kleineren Krater in den älteren und ihrer Umwallung unwiderleglich hervor. Es leuchtet ferner ein, daß die andauernden Eruptionen einer so bedeutenden Zahl feuerspeiender Berge auf verhältnißmäßig engem Raum eine sehr große Wirkung hervorbringen konnten. Jeder der beiden Crichter von Albano und Bracciano ist mehr als doppelt so weit wie der ursprüngliche Krater des Vesuv, und es ist gar nicht unmöglich, daß die ganze Umgegend durch sie dem Meere abgewonnen wurde; daß die von ihnen ausgeworfenen Schuttmassen die wellenförmige Ebene aufdämmten, welche heute die Campagna di Roma heißt.

Wirklich ist, mit Ausnahme der pontinischen Sümpfe, diese ganze Campagna meist aus vulkanischen Stoffen gebildet, in welchen die älteren Gesteine nur trümmerweise vorkommen.

Unter jenen vulkanischen Gebilden unterscheiden wir vornehmlich drei Gattungen, die Lava, den Peperin und den Tuff.

Die basaltische Lava bildet den eigentlichen Kern der Gebirgskegel; sie ist hart und tönend, hat eine bläulich-schwarze Farbe und zeigt große, zusammenhängende Massen. Sie tritt fast ausschließlich nur am Fuß des Gebirges hervor, da wo das Meer den auf sie herabgefallenen Schutt fortspülen konnte, so am Fuß des Albaner-Gebirges, am Regillus und bei Bracciano. An den höher liegenden Punkten, wohin die Meereswogen nicht reichten, ist die Lava von Schuttmassen verdeckt. Auch in der Ebene wird sie selten sichtbar. Der hauptsächlichste Zug ist der, welcher von der Osteria delle Fratocchie am Fuß des Albaner-Gebirges, 1½ Meilen weit in der Richtung der appischen Straße hinzieht und bei dem Grabe der Metella plötzlich abbricht. Die Mächtigkeit dieses Lavastromes ist eine abnehmende. Bei dem genannten Anfangspunkt beträgt die Dicke mindestens 80, beim Endpunkt 30 Fuß. Der Rücken dieses leicht zu verfolgenden Walles ist mit einer Erdkrume überdeckt, die Seiten fallen mehr oder weniger steil ab.

In ihnen liegen die Steinbrüche, aus welchen die Alten das unverwüftliche Material, den silex, zu ihren Heerftraßen entnahmen. Eine andere Lavabank findet fich bei Acqua acetofa am linken Tiberufer, 1¼ Meilen füdweftlich von Rom. Sie ift mit Erde fo überfchüttet, daß ihre Ausdehnung nicht wol zu beftimmen ift. Gewiß find in der römifchen Campagna noch andere Lavazüge vorhanden, die aber durch fpätere Afchenregen ganz überdeckt wurden. Auch das hochliegende Thal des Sacco zwifchen dem Sabiner- und dem Albaner- und Volsker-Gebirge ift bis zu feinem Urfprunge mit vulkanifchen Maffen angefüllt. Sie mögen dem mächtigen Krater von Albano entftiegen fein. Auffallend ift die gleiche Umgebung des Monte Soracte, eines Kalkfteingebirges, welches von den nächften Vulkanen zwei bis drei Meilen entfernt liegt. Hier fowol, wie bei Monte fortino (der nordweftlichen Spitze des Volsker-Gebirges) erheben fich die Kalkfelfen fteil, in regelmäßiger Schichtnng und ohne fichtbare Spur von fpäterer Zerftörung, aus der vulkanifchen Umgebung, zum Zeichen, daß ihre Bildung faft vollendet war, ehe die vulkanische Thätigkeit zu wirken anfing.

Es ist zu bemerken, daß in der Ebene sich die Lava nur in den angeführten mächtigen Lagern anstehend, als Geschiebe oder Gerölle aber nirgends vorfindet. Wo man daher auf Lavablöcke stößt, darf man annehmen, daß sie durch Menschenhände dorthin gebracht wurden, was für die Ermittelung der alten Straßenzüge von Wichtigkeit ist.*

Der Peperin zeigt eine bald hellere, bald dunklere graue Färbung, er ist frisch und glänzend, im Bruch aber von sehr ungleicher Beschaffenheit. Die vulkanische Asche bildet seine Grundmasse, aber mit derselben schleuderte die unterirdische Kraft Schlacken, Basaltsplitter und Theile der ursprünglichen Kalksteindecke in großen und kleinen Trümmern hervor. Regellos wie es herabfiel, blieb dies Gemenge auf den trockenen Höhen liegen und verhärtete sich mit der Zeit durch einen noch unbekannten, theils mechanischen, theils wol chemischen Proceß in zusammenhängender Masse. So thürmte sich der

* Westphals „Beschreibung der Umgegend von Rom."

Peperin in mächtigen Lagern über die Lava auf, nachdem diese selbst zu fließen aufgehört hatte, und bildete die jetzt vorhandenen Krater und Gipfel der vulkanischen Berge.

Wer auf den Bürgersteigen von Rom zu gehen hat, wird sich bald von der ungleichen Beschaffenheit des Peperin überzeugen. Dies Gestein ist zwar wohlfeil, aber ganz ungeeignet für den genannten Zweck. Denn während die weichere Grundmasse sich sehr bald abschleißt, bleiben die härteren eingesprengten Stücke in oft scharfen und eckigen Spitzen stehen.

Weit besser benutzten die Alten den Lapis albanus und gabinus zu solchen Bauten, namentlich wo der Gewölbschnitt in Anwendung trat, so bei den noch jetzt vorhandenen Sub-structionen des Tabularium, bei Brücken und Wasserleitungen.

Dieselben Massen, mit welchen die Vulkane ihre Gipfel überschütteten, verbreiteten sich auch in der ungeheuersten Menge über die damals noch vom Wasser bedeckte Ebene. In diesem Element mußten nothwendig die dichteren und darum schwereren Bestandtheile durch die sich ablöschende, leichtere Asche hindurch zu Boden sinken. Diese Asche nun bildete den Tuff, welcher sich als eine ziemlich gleichförmige Masse darstellt und in der die harten Bestandtheile des Peperin nur ausnahmsweise vorkommen. Die Art der nicht selten eingesprengten Muscheln bezeugt, daß die Ablagerung bald im Meer-, bald im stagnirenden Süßwasser vor sich ging.

Uebrigens gibt es vielfache Abstufungen in der Mischung der Bestandtheile. Es gibt einen Tuff von loser, bröckliger Textur, welcher, mit Schlacken, Kalk und Lavastückchen gemischt, den Uebergang zum Peperin bildet; auch deuten mannigfache Abdrücke von Blättern und Zweigen, welche eben diese Art enthält, darauf hin, daß die Bildung schon mehr auf dem Trockenen erfolgte. Im Allgemeinen ist der Tuffstein von einer schönen braunen Farbe, porös aber fest, im Bruche erdig, und specifisch leichter als der Peperin.

Im Tuff liegen die labyrinthischen Puzzolan-Gruben, deren gewundene Gänge oft Tausende von Schritten unter der Erdoberfläche hinführen. Sie waren die Zufluchtsstätten, in welchen die erften, hartbedrängten Chriften fich verbargen, in denen fie ihren Gottesdienft hielten und wo fie ihre Todten begruben. Die Puzzolan-Erde, mit Sand und Kalk vermifcht, bildet eine Maffe, die fich beim Trocknen völlig verhärtet. Die Römer mifchten zerftoßene Ziegelfteine in ihren Mörtel, und die Bauten der Kaifer aus fehr flachen Ziegeln, fowie die regellofen Mauern des Mittelalters beftehen faft zur Hälfte aus folchem Gemenge, welches die Härte des Steines übertrifft.

Endlich bildet der Tuff, oft mit Bimsftein gemifcht, die fruchtbare Erdkrume der Campagna. In diefem Zuftand zeigt der Tuff die Farbe des trockenen Laubes, er ift leicht zerreibbar und faugt die Feuchtigkeit begierig ein.*

Sehr oft erfcheint der Tuffftein in horizontaler Schichtung, abgetheilt durch Lagen von Glimmer, Bimsftein und weicher Afche. Auch in verticaler Richtung, der Länge und Quere nach, ift dies Geftein geklüftet, als ob beim Trocknen und Verhärten die Maffe gefprungen wäre. Die Bildung erfcheint daher im Großen

* Brocchi, „dello stato fisico del suolo di Roma‟.

wie im Kleinen als Parallelopiped, wodurch
seine Benutzung als Baumaterial erleichtert ist.
Die Alten nannten den Tuff saxum quadra-
tum und wandten ihn vielfach an, so bei der
cloaca maxima und dem Walle des Servius
Tullius.

Von dem letzten wurden die Werkstücke
unter Aurelian und Honorins zu der noch jetzt
aufrechtstehenden, obwol mit Ziegeln vielfach
ausgeflickten Stadtmauer genommen. An vielen
Stellen, namentlich bei Porta S. Lorenzo, er-
kennt man deutlich noch den ursprünglichen Bau.
Später zerschnitt man die gewaltigen Quadern
in kleinere, wie dies an S. Maria in Trastevere
sichtbar ist, und im Mittelalter zu Ziegelform.
Aus solchen Tuffziegeln (alla saracinesca)
wurden die Burgen der Savelli auf dem Aventin,
die der Gaetani am Capo di Bove und andere
erbaut, die sich wie Schwalbennester an die gewaltigen Trümmer der Vorzeit anklebten.

Der Tuff ist das vorherrschende Gestein
durch die ganze Campagna, und wir erkennen
seine parallelopipedische Bildung im Großen auch
im Terrain in der oft rechtwinkligen Richtung

der Haupt- und Nebenthäler, sowie in der
kastenartigen Gestaltung derselben. Am deut-
lichsten fallen die Tuffgebilde in die Augen in
den senkrechten Abfällen des rechten Tiberufers,
welche die flaminische Straße bis zum Valchetta-
Bach begleiten. Vorherrschend ist der Tuff auch
an der ardeatinischen Straße, sowie er den
Hauptbestandtheil der Hügel am linken Flußufer
bildet, auf welchen das alte Rom lag. Die bedeutendsten Steinbrüche, aus denen der Tuff gefördert wird, liegen im Monte verde südlich der
Stadt, an der nomentanischen Brücke über dem
Teverone, und bei Tor Pignatara vor Porta
maggiore.

Auch unter dem Lavazug der appischen
Straße hat man Tuff gefunden. Wo die alten
Steinbrüche bis auf den Grund der Lava reichen,
zeigen sie nahe am Gebirge der Tuff ziegelroth
gebrannt. Die Gluth der flüssigen Massen war
hier so groß, daß das Meer sie nicht sogleich
auslöschen konnte. Weiter abwärts vom Gebirge erkalteten sie und der Tuff erscheint unverändert in der Farbe. Es mußten also schon
vulkanische Aschenauswürfe, wahrscheinlich des

großen Albanischen Crichters stattgefunden haben, ehe dieser Lavaausfluß vor sich ging, welcher auch seiner Richtung nach dem jüngeren Krater des Lago di Cañello angehört.* —

Zu einer Zeit, bis wohin keine Geschichte mehr reicht, war so durch die gewaltsame, aber vorübergehende Thätigkeit vulkanischer Kräfte die römische Campagna aus dem Meer hervorgestiegen. Die weitere Fortbildung zur jetzigen Gestaltung blieb langsamer, aber dauernd wirkenden Naturkräften anheim gegeben. Die Schöpfungen des süßen Wassers sind es, welche wir jetzt in's Auge zu fassen haben.

Mit prachtvollen Wasserfällen treten die aus dem Apennin hervorbrechenden Ströme in die römische Ebene ein. Sie führen in ihren Fluthen ein reiches Material zur Bildung des Gesteines mit sich, welches unter dem Namen des Travertin (lapis tiburtinus) bekannt ist. In senkrechten Abfällen bis zu 100 Fuß Höhe begleitet der Travertin auf dem linken Tiberufer die Straße von Ponte molle bis zu der Porta del Popolo; er lagert auf den Hügeln

* Westphal.

der Stadt, und findet sich vorzüglich in den ungeheuersten Massen in der Ebene vor Tivoli.

Dies Gestein besteht aus kohlensaurem Kalk.
Der Anio, der Velino und andere Zuflüsse nehmen auf ihrem Weg zum Tiber eine sehr große
Menge feiner Kalktheile von dem sie umringen-
den Gestein mit sich. Der in diesen Kalktheilen
enthaltene Kohlenstoff würde sich dem Wasser
nur mechanisch beimischen, wenn nicht die in
Quellen reichlich vorhandenen Schwefelgase und
Kohlensäure sie chemisch darin auflöseten. Sobald jene Gase entweichen, schlagen auch die
Kalktheile nieder und setzen sich zu festen Massen
an. Da nun die Kohlensäure um so leichter
verfliegt, je bewegter das Wasser ist, so entsteht
die auffallende Erscheinung, daß der Travertin
gerade da am schnellsten entsteht, wo der Lauf
der Flüsse am reißendsten ist. Nicht weit von
Tivoli befindet sich der an kohlensaurem Gas
überreiche lago delle isole galeggianti oder
der schwimmenden Inseln, mit künstlichem Abfluß zum Tiber. Um diesen Canal offen zu
erhalten, muß er alljährlich vom Travertin be-
freit werden, und zwar setzt dies Gestein sich

vorzugsweise in dem vom See entfernten Theil
des Grabens an, wo das Gefälle am stärksten,
die Bewegung des Wassers am lebhaftesten
ist. — Der Velino strömt seinem 1200 Fuß
hohen Sturz durch eine künstliche Rinne zu, in
welcher die Schnelligkeit des Wassers 10 Fuß
in der Secunde beträgt. Dennoch, oder vielmehr
eben deshalb, kann der Canal nur durch öftere
Entfernung des Travertin offen gehalten werden.
Dasselbe geschieht mit dem Anio bei Ponte lupo.
Die von den Cascaden aufstäubenden Wasser-
dünste überziehen selbst die Blätter und Zweige
der nahestehenden Bäume mit einer Steindecke.
Die so incrustirten Hölzer und Gräser verschwinden
im Laufe von Jahrhunderten gänzlich und lassen
ihre Formabdrücke zurück. So entstehen die
röhren- und netzartigen Gebilde in der Nähe
der Wasserfälle, welche man Confetti di Tivoli
nennt. An dem genannten Orte zeigt man
dem Besucher unter andern die Matrize eines
vollständigen Wagenrades mit Nabe, Speichen
und Felgen in einem abgesprengten Travertin-
felsen.

Da wo die Wasser ruhig ablagern konnten,

bildete der Travertin compacte, regelmäßige und sehr mächtige Schichtungen. Solche Ablagerungen von der bedeutendsten Ausdehnung finden sich, wie erwähnt, in der Ebene am rechten Ufer des Teverone, nahe unterhalb Tivoli. Von ihnen wurde das treffliche Material entnommen, aus welchem der Riesenbau des Colosseums, der Peterskirche, S. Paolo fuori le mura und die Façaden der meisten römischen Paläste ausgeführt wurden.

Der Travertin hat eine sehr homogene Bildung, selten sind fremdartige Körper eingesprengt. Er ist porös aber fest, und zeigt eine graugelbliche Färbung, die mit der Zeit den schönen röthlichen und goldgelben Schimmer annimmt, welcher die alten Bauwerke auszeichnet.

In weit geringerem Grade als seine Zuflüsse ist der Tiber reich an kohlensaurem Gas. Er besitzt die Fähigkeit nicht, Travertin zu bilden, dagegen ist seine wirbelnde Fluth von einer großen Menge von Schlamm getrübt, welcher ihm von je den Namen des „blonden Stromes" (flavus tiberis) erwarb. Diese Masse besteht aus Sand, Mergel und Glimmer, sie hat

das ganze Marsfeld, auf welchem das heutige
Rom steht, überdeckt. Auf den sieben Hügeln
finden wir dagegen nicht allein den Tiber-
schlamm, sondern auch den Travertin, das
unzweifelhafte Gebilde der Gebirgsströme, und
zwar auf ihren Gipfeln 130 bis 140 Fuß
über dem heutigen Meeresspiegel. Erinnern
wir uns ferner, daß der Gianicolo und der
Monte Mario mit allen seinen Verzweigungen
bis acqua traversa aus Meersand, Kiesel und
Sandstein besteht, in welche zahlreiche, dem Salzwasser angehörige Conchylien gemischt sind, so
stellen sich zwei Thatsachen als unwiderleglich
heraus: daß die Flüsse einst über die Gipfel der
sieben Hügel hinflossen, und daß selbst die größten
Höhen bei Rom in's Meer getaucht waren.

Hieraus folgt nun noch keineswegs, daß das
Meer jemals 400 Fuß höher stand als jetzt.
Ein solcher Meeresstand konnte nie ein partieller
sein, er hätte den ganzen Erdkreis umfassen
müssen; und es ist durchaus nicht abzusehen, wo
eine so unermeßliche Wassermasse seitdem geblieben sein sollte. Es ist weit natürlicher, anzunehmen, daß die Wassermenge zu allen Zeiten

dieselbe war, aber gleichmäßiger über die Erdoberfläche verbreitet stand. Vulkanische Kräfte
trieben die sogenannten Urgebirge durch die
älteren Kalksteinschichten hindurch oder hoben
diese in den ungeheuersten Massen empor, oft
ohne nur einmal ihre regelmäßige Lagerung zu
zerstören. Auf solche Weise mag denn auch der
Monte Mario gehoben worden sein.

Die Gase fanden aber Stellen, wo sie die
Kalkschicht gänzlich durchbrachen, ihre Trümmer
um sich schleuderten und Lava und Asche über
sie verbreiteten. Die ausgeworfene Masse bildet
in der Campagna eine vulkanische Schicht, deren
Mächtigkeit auf durchschnittlich 100 bis 125 Fuß
angegeben werden kann; denn dies ist die Tiefe
aller auf den römischen Hügeln abgetäuften
Brunnen. Die porösen Cufflager lassen nämlich
die Feuchtigkeit durchsintern und erst da, wo der
Schacht die maritimen Mergel- und Thonlager
erreicht, trifft er auf Wasser.

In dieser weiten Schuttebene nun irrten
die Flüsse umher, eine Bahn suchend, die ihnen
durch immer neue Verschüttungen der vulkanischen
Auswürfe wieder entrissen wurde. So entstanden

die Verfumpfungen und Kalfe, in welchen jene
gewaltigen Schlamm- und Travertin-Ablagerun-
gen vor fich gehen fonnten, in Höhen, die feine
Ueberfchwemmung unferer Tage entfernt mehr
erreicht. So fonnten Mufcheln, die unzweifelhaft dem ftagnirenden Süßwaffer angehören, an
Stellen zurück bleiben, wo bei der jetzigen Thal-
bildung eine Verfumpfung geradezu unmöglich
wäre, wie z. B. an dem fteilen Südwefthang
des Aventin, eine Erfcheinung, die den Geologen
räthfelhaft erfchienen ift. So entftand endlich
die fchichtenförmige Ablagerung der vulfanifchen
Afche, welche fie einer fluviatilen Bildung voll-
fommen ähnlich macht. Die ungleiche Dichtigfeit
jener Schichtungen, welche oft durch Bimsftein-
und Glimmer-Lager getrennt find, erflärt fich
genügend aus ihrer ftufenweifen Entftehung
durch aufeinander folgende Eruptionen.

Nachdem aber diefe feltener geworden und
dann ganz aufgehört hatten, wufch der Tiber
feinen heutigen Thalweg durch die damals noch
nicht durchgehends, und auch heute noch fo ungleich
verhärteten Schuttmaffen. Daß der Strom vermochte, diefe Arbeit bis zu einer Tiefe von

100 bis 150 Schuh auszuführen, wird nicht befremden, wenn man bedenkt, daß sein Gefälle vom Austritt aus dem Kalkgebirge bis zur Mündung höchst bedeutend war. Sein Zufluß, der Anio, hatte damals auf acht Meilen Lauf fast 600 Fuß Gefälle. Es liegt nämlich der Sibyllen-Tempel bei Tivoli 595 Fuß über dem Meeresspiegel, und es kamen auf die Meile durchschnittlich 80 Fuß Gefälle. Seitdem der Anio die vulkanischen Schuttmassen am Fuße des Kalkgebirges weggespült und seinen schönen Wasserfall gebildet hat, ist natürlich dieses Gefälle sehr viel geringer.

Wir haben nach den angegebenen Quellen dies Programm für Jahrtausende nicht aufgestellt als die allein mögliche Lösung der geognostischen Räthsel, welche die Umgegend von Rom bietet, sondern geben unsere Auffassung nur als eine nicht unmögliche, vielleicht wahrscheinliche Erklärung derselben. Eine demnächst zu erwartende Arbeit zweier römischer Gelehrten, des Monsignor Medici Spada und des Professor Ponzi, wird ohne Zweifel ein neues Licht über diese Verhältnisse verbreiten. —

Wir sind nun zu dem Standpunkt gelangt, bis zu welchem die Geschichte, oder doch ihre ältere Schwester die Sage, eine schwache Dämmerung verbreitet. Seitdem nun haben keine der großen Umbauten der Natur stattgefunden, welche die Bodenverhältnisse ganzer Länderstrecken umgestalten. Oftmals wiederholte Erdbeben haben das nicht vermocht, die Krater waren völlig ausgebrannt, die Travertin-Bildungen im Großen vollendet. In die Schuttmassen der Campagna waren die breiten Thalwege der Flüsse bleibend eingewaschen, wenn auch auf ihrer Sohle der Strom oft in neuen Windungen sein Bett grub. Die grauen Häupter der Kalkberge, welche all diesen Wandel geschaut hatten, umstehen den Schauplatz in hoher Pracht, heute wie damals. Aus den vorhandenen Nachrichten erkennen wir, daß nur noch die gewaltigen, zeitweisen Ueberschwemmungen des Tiber und die Ablagerung seines Schlammes die Form des Terrains verändert haben. Bis an die Spitzen der beiden Säulen an dem Porto di Ripetta zu Rom reichen die Markzeichen der Wasserfluthen, wie sie noch in unseren Tagen stattfinden. Im

Jahre 1598 erhob sich binnen kurzer Zeit der Spiegel des Tiber um 32¹/₂ Fuß. Gar nicht selten überschwemmt er plötzlich alle Gärten und Weinberge vom Fuß des Monte Mario bis zur Straße nach Ponte molle, und noch im Jahre 1846 stand das Wasser in der Stadt selbst bis nahe an den Spanischen Platz. Auf dem Corso fuhr man in großen Kähnen umher und nur Ponte Sisto war noch passirbar. Dieses schnelle und gewaltige Austreten des Tiber aus seinem Bette ist in der Bildung seines Stromthals begründet. Sowol ober- als unterhalb Roms ist dasselbe von einem Thalhang zum anderen durchschnittlich ¹/₄ deutsche Meile breit. Zwischen dem Aventin aber und dem südlichen Fuß des Gianicolo, da, wo die jetzige Stadtmauer herabsteigt, treten sich die Höhen auf 1000 Schritt nahe. Hier muß natürlich jedesmal eine Stauung stattfinden, wenn nach heftigen Regengüssen im Gebirge Tiber, Nera, Velino, Anio, Paglia und so viele andere Zuflüsse ihre schnellen Fluthen herabführen. Dies mußte in noch höherem Maße stattfinden, als einst der Tiber auch noch den oberen Arno, oder doch einen Theil seiner Fluthen aufnahm. Es ist geschichtlich begründet, daß im Alterthum der Arno seine ursprüngliche Richtung von Norden nach Süden durch das fast wagerechte Chiana-Thal fortsetzte. Strabo erwähnt, daß der größte Theil der Wasser auf diesem Wege in die Paglia abfloß, und Tacitus spricht von einer Gesandt-schaft der Florentiner, welche im Jahre 17 vor Christus dem Senat Vorstellungen gegen die Absicht machte, dem Arno in der jetzigen Rich-tung Abfluß durch ihre Stadt zu verschaffen. Als aber im Mittelalter das Chiana-Thal so sehr versumpfte, daß unter andern die cassische Straße dort gänzlich verschwand, da öffnete der Arno selbst sein Bette durch die gola dell' imbuta, und seine frühere Theilung nach Rom und nach Florenz hörte auf.

Die Wirkung der Anstauung des Tiber vor Rom hat sich in der Bildung der römischen Hügel deutlich kund gegeben. Von dem hohen felsigen Gianicolo zurückgewiesen, wälzten sich die Fluthen gegen das niedrigere linke Ufer. Dieses wird gebildet durch ein zusammenhän-gendes Tafelland, welches östlich in langen

flachen Thälern zum Anio, westlich mit kurzem
steilem Hang zum Tiber abfällt. Gegen diesen
war die volle Gewalt der Wasser gerichtet. Sie
durchbrachen ihn, wo der felsige Kern es nicht
verhinderte, und wo sie den größten Widerstand
fanden. Nur vier der berühmten sieben Hügel
stehen in unmittelbarem Zusammenhang mit dem
erwähnten Tafelland: der Quirinal, Viminal,
Esquilin und Coelius; drei hingegen: Capitol,
Palatin und Aventin erscheinen losgerissen.

Bei hohen Fluthen mußten die ersteren als
Vorgebirge, die letzteren als Inseln sich darstellen; denn die gewaltigen Schuttmassen, welche
jetzt die Zwischenräume ausfüllen, waren damals
nicht vorhanden.

Diese Schicht, welche man hinwegdenken
muß, um sich den früheren Zustand zu ver-
gegenwärtigen, ist ungeheuer. — Das Marsfeld,
welches noch zur Kaiserzeit wenig bewohnt war,
ist im Laufe der Zeit dennoch um durchschnittlich 15 Fuß erhöht, die Fundamente, welche die
Antonin-Säule tragen, stecken mit ihrer ganzen
Höhe in der Erde. Das ausgegrabene forum
Trajani liegt gegen 20 Fuß tiefer, als das

jetzige Straßenpflaster. Der Boden des forum Romanum an der Phocas-Säule zeigt eine Differenz von 25 Fuß gegen den des jetzigen Campo vaccino und doch ruht diese Säule sowol als die Triumph-Bögen des Titus und des Constantin auf älteren Trümmern. Ungeheuere Schuttmassen füllen die Senkung aus zwischen dem Pincio und dem Quirinal. In der Vertiefung zwischen diesem letzteren und dem Viminal fand man ein antikes Straßenpflaster 40 Fuß unter dem jetzigen; ein anderes 21 Fuß tief zwischen dem Aventin und dem Tiber, und bei der Pyramide des Cestius liegt das aufgedeckte Stück der Via ostiensis 12 Fuß unter dem Niveau der neuen Straße. Selbst die Hügel wurden überschüttet. In der Villa Spada bedecken die Trümmer der Kaiserpaläste den ursprünglichen Gipfel um 40 Fuß, und der Aventin dürfte um beinahe ebensoviel erhöht sein.* Es ist daher gar nicht unwahrscheinlich, daß einst der Tiber im Maximum seiner Höhe auch östlich um die drei abgetrennten Hügel herumfloß. Varro spricht deutlich aus, daß der

* Brocchi, „dello stato fisico" etc.

Aventin von den übrigen Hügeln durch Wasser getrennt war und daß man einen Quadrans zahlte, um hinüber zu schiffen. Es ist keineswegs der Marrana-Bach gemeint, welcher noch heute zwischen Palatin und Aventin fließt. Dieser Bach, die Crabra, wurde wahrscheinlich erst nach Agrippa's Zeit in die Stadt geführt. Jedenfalls ist er eine künstliche Leitung. Ein Blick auf das Terrain zeigt, daß das natürliche Thal desselben erst bei der Villa Sta. Croce, 2000 Schritt südöstlich des Lateran, seinen Ursprung nimmt. Selbst das Velabrum minus, das Thal zwischen Capitol und den übrigen Hügeln, der wichtigste Platz des öffentlichen Lebens, auf dem das forum Romanum lag, wurde von den Fluthen erreicht, welche dort den lacus Curtius zurückließen. Dieser wurde nach und nach mit Schutt angefüllt. Man erhöhte das Ufer des Stromes durch starke Mauern, aber dennoch trat zu Augustus Zeiten das Wasser auf das Forum. Nach römischen Quellen war es Tarquinius Priscus, welcher das Velabrum durch Erbauung der cloaca maxima trocken zu legen suchte. Der vollendete Keilschnitt,

welcher bei diesem merkwürdigen Gewölbebau
zur Anwendung gekommen ist, hat die Vermuthung hervorgerufen, daß er zu einer viel älteren,
in der Cultur aber der römischen weit vorge-
schrittenen Periode entstand. Wir führen die
Cloaca indes nur an als Beweis, daß der Tiber,
nachdem er seinen Thalweg durch die vulkanische
Ebene eingeschnitten, sein Bett durch Ablagerung
von Schlamm nicht unbeträchtlich selbst wieder
erhöht und auch dadurch zu den Ueberschwemmungen beigetragen hat. Nur bei sehr niedrigem
Wasserstande nämlich kommt die Ausmündung
des Abzugscanals nahe außerhalb Ponte rotto
zu Tage. Die mittlere Fluth benetzt schon den
Schlußstein des Gewölbes. Es ist aber durchaus
unwahrscheinlich, daß der kunstfertige Erbauer
die Sohle des Canals tiefer, als bis an den
gewöhnlichen Wasserspiegel geführt haben sollte,
wobei derselbe noch gegen 20 Fuß Gefälle erhalten haben würde. — Auch in noch späterer
Zeit dauerte die Aufdämmung des Flußgrundes
fort. Das durch die oben offene Kuppel des
Pantheons einfallende Regenwasser sinkt durch
Oeffnungen des Marmorbodens in einen zum

Tiber führenden Canal. Gegenwärtig tritt bei hohem Stande das Wasser des Stroms auf eben demselben Wege in das Gebäude und über- schwemmt den ganzen Fußboden, was bei der ursprünglichen Anlage dieser Badehalle gewiß nicht stattfand. — Bedenkt man aber, daß der Tiber von Rom bis zur Mündung bei Finmicino überhaupt nur 20 Fuß Gefälle hat, und daß dies Gefälle zu keiner Zeit viel weniger be- tragen konnte, wenn der Fluß nicht aufhören sollte zu fließen, so ergibt sich, daß das Maximum der Aufdämmung doch nur wenige Fuß, viel- leicht gerade die Höhe des Gewölbes der Cloaca betragen kann. Freilich mag in dieser Schlamm- schichte gar manches Kunstwerk begraben liegen, und Speculanten haben sich, in der Hoffnung den Schatz zu heben, mehrmals zu Baggerungen auf ihre Kosten erboten.

Wenn nun, trotz der Erhöhung des Fluß- bettes, die Ueberschwemmungen des Tiber lange die Höhe nicht mehr erreichen wie im Alterthum, so liegt dies in dem verminderten Gefälle des oberen Laufes, in der geringeren Wassermasse der Zuflüsse, und hauptsächlich in der allgemeinen Aufdämmung des römischen Bodens durch Millionen Kubikklafter von Schutt und Trümmern.

Die bedeutendste Ablagerung von Schlamm fand beim Tiber, wie bei allen Flüssen, an der Ausmündung in's Meer statt. Dionysius von Halicarnaß bemerkt ausdrücklich, daß dieser Strom, eine Ausnahme von der Regel, durch keine Sandbank gesperrt sei. „Denn er ergießt sich durch eine einzige Mündung und schlägt die Brandung des Meeres ab. Auch irrt er nicht durch Sumpf und Moor, da oder dort versiegend." Flußnachen fuhren bis nahe an seine Quellen, und große See- und Lastschiffe wurden durch Ochsen bis nach Rom hinauf gezogen. An der Mündung war der Tiber breit und umfaßte große Buchten gleich den besten Häfen. Diese Schilderung ist genau das Gegentheil von dem jetzigen Zustand. Der Hafen des Ancus Martius liegt 6000 Schritte landeinwärts. Ostia, welches einst 80,000 Einwohner zählte, umfaßt heute wenig mehr als 80 Menschen. Mit Anfang des Sommers ergreifen auch diese die Flucht vor den Anshauchungen der Sümpfe, die

sie umringen. Der damalige Strom, jetzt der
Fiume morto, ist fast zugewachsen. Kaiser
Claudius ließ einen neuen Arm graben, aber
auch der portus Trajani liegt heute reichlich
4000 Schritt vom Meere entfernt. Im Laufe
von drittehalb Jahrtausenden hat der Tiber ein
Delta vorgeschoben, zu welchem er alljährlich
weit über 100,000 Kubikfuß Schlamm ablagern mußte.

II.

Die ältesten Landschafts-Gemälde, welche wir von der Gegend von Rom haben, zeigen uns eine weite Einöde und schauerlichen Wald. Ausgedehnte Sumpfniederungen trennen die einzelnen Hügel, und wo die Haine durch Menschenhand gelichtet, da weideten Rinder- und Schafheerden. Die zerstreuten Wohnungen der Hirten waren aus Zweigen und Schilf kunstlos erbaut oder mit leichter Mühe in die weichen Tuffwände eingeschnitten. Aus den Seiten der Hügel flossen zahlreiche Quellen her-

vor, welche heute versiegt sind oder nur noch
unterirdisch in tiefe Brunnen rieseln. Die wilden Thiere stritten mit den Menschen um den
Besitz dieser Waldeinsamkeit.

Wieviel von den Schilderungen Ovid's und
Livius' Dichtung oder Wahrheit, dürfte schwer
zu ermitteln sein. Gewiß aber ist, daß es um
die Zeit der Gründung Roms in Italien nicht
überall so aussah. Die Riesenbauten der Etrusker,
welche allen Zeiten trotzen, die unbeschreiblich
kunstvollen, mit Schriftzügen geschmückten Ge-
schmeide, die schön gearbeiteten Waffen, die
geschmackvollen Zeichnungen auf irdenem Ge-
schirr, welche das große Museum, der Schoß der
Erde, so zahlreich birgt, bezeugen die hohe Cultur-
stufe der mittelitalienischen Völker.

Von welcher Bedeutsamkeit jene älteren
Wohnplätze immerhin gewesen sein mögen, soviel
steht fest, daß Jahrhunderte später, als Rom
schon alle sieben Hügel bedeckte, seine Mauern
noch weite Felder und Haine umschlossen, welche,
den Göttern geweiht, von der Art verschont
blieben. Es waren die Ueberbleibsel jenes ursprünglichen Waldes.

Die vorherrschende Baumgattung war damals wie jetzt die immergrüne Eiche, quercus cerrus, ilex aesculus und robur. Auf dem Intermontium, zwischen den beiden capitolinischen Gipfeln, welche die Arx und den Jupitertempel trugen, grünte noch zu Livius' Zeit der Eichenhain, in welchem Romulus das Asyl für Flüchtlinge anderer Städte gegründet hatte. Der Palatin, den Ovid den Waldigen nennt, nemorosi colla Palati, war, als Cicero lebte, mit einem Hain der Vesta geschmückt. Zwischen diesem Hügel und dem Esquilin stand unweit der summa sacra via zur Zeit des Symmachus ein Wäldchen von Cornel-Kirschbäumen, cornus mascula, und Varus erwähnt eines Myrthenhains im Thale des Circus maximus. Der Aventin war nach Dionys mit Bäumen aller Art bedeckt, in welchen Satyre, Faune und Waldgötter hauseten. Er ragte nach Ovid aus dem Schatten der Steineichen hervor. Das Grab des Tatius stand in einem Lorberhain, wahrscheinlich an derselben Stelle, wo noch heute ein schöner Baumgang von laurus nobilis nach dem Priorat von

Malta führt. Der Coelius heißt bei Tacitus „querquetulanus", und der Viminal hatte seinen Namen von den Weiden, die ihn bedeckten, wahrscheinlich sallx caprea. Der Monte Pincio, später der Gartenhügel, war ein Wald, vielleicht von Pinien, deren Urenkel noch heute die Villa Borghese überschatten, und der vaticanische Hügel trug nach Plinius einst eine Steineiche, älter als Rom, auf welcher mit erzenen Buchstaben in etruskischer Sprache geschrieben stand, daß sie einem geweihten Haine angehöre. Eichen bedeckten den Janiculus und das Thal nach dem Tiber zu, wo Gracchus erschlagen wurde. Unter ihren Gipfeln rauschte damals die Quelle, deren Inschrift „Nymphis loci. Bibe, lava, tace", man im Garten des Palastes Salviati gefunden hat. Die Axt mußte dem Mausoleum des Augustus auf dem Marsfelde Raum schaffen. Dieser Kaiser legte in der Gegend von Ripetta, damals außerhalb der Stadt, öffentliche Spaziergänge an und pflanzte dort Pappeln, Platanen, Buxbäume und Lorber.

Die Palmen waren zu allen Zeiten selten. Im

nördlichen Theil Italiens bei Bordighera an der Corniche, unweit Nizza, bilden sie wirkliche Wäld- chen oder doch Bosketts von sechzig bis achtzig Stäm- men. In und um Rom aber stehen sie stets nur einzeln, und es sind überhaupt nur etwa zwanzig größere Exemplare vorhanden. Die schönsten stehen im Garten des Priorats von Malta auf dem Aventin, bei den Capuzinern auf dem Coelius, unweit Porta Portese, in der Villa Massimi und im Seminar vor Porta Salara. Als besondere Merkwürdigkeit wird aufgeführt, daß während des Perserkrieges eine Palme, wol die einheimische chamaerops humilis, auf dem Capitol emporwuchs. Eine andere ent- sproß aus den Mauern des Hauses des August auf dem Palatin. Berühmt waren ferner ein Lotus-Baum, diospyros lotus, und eine Cypresse, sempervirens, am Lupercal im be- wohntesten Theil der Stadt, so alt wie Rom, welche nach Plinius erst unter Nero abstarben. Auf dem Forum Romanum selbst, damals in seinem höchsten Glanze, entsprossen ein Oliven- baum und eine Rebe, welche vom Volke sorgsam geschützt und gepflegt wurden. Vor Allem heilig aber war der Feigenbaum, ficus ruminalis, an welchen die Mulde mit den Kindern Romulus und Remus angefpült worden war. Er foll nach Cacitus bis zum Jahre 711 der Stadt grün geblieben fein. Die Weinrebe rankte wild in den Wäldern, aber der nützliche Oelbaum wurde erft zweihundert Jahre nach Gründung der Stadt aus den weftlichen Küftenländern des mittelländifchen Meeres eingeführt. Ebenfo der Flachs aus Aegypten und die Luzerne aus Medien. Orangen- und Citronenbäume, welche doch jetzt fo herrlich gedeihen, konnten nach Plinius damals weder durch Samen noch Pfropf- reifer in Rom einheimifch gemacht werden.

III.

Jn unſerem Norden verlaſſen wir, ſobald
die Sommerhitze einen hohen Grad erreicht, die Stadt und ſuchen eine freiere und ge-
ſundere Atmoſphäre auf dem Lande. Umgekehrt
iſt es in Rom. Ende Juni flieht das Landvolk
vor der Malaria und ſucht Schutz gegen die
fieber in den engen ſchmutzigen Straßen der
Stadt. Die Tenuten, die Weinberge, die Villen
und ſelbſt das Suburbano ſtehen verödet und
menſchenleer, und die wenigen Perſonen, deren
Beruf ſie noch länger feſthält, ſchwanken bleich
und abgemagert einher.

Nun sind aber auch innerhalb der Stadt
gewisse Regionen als ungesund, andere als ge-
sund bezeichnet. Die Luft von Trastevere gilt
für verpestet und die Päpste übersiedeln des
Sommers vom Vatican nach dem Quirinal.
Die Strada Giulia, wo zu Leo's X. Zeiten die
vornehmsten Geschlechter ihre Paläste erbauten,
ist gänzlich verrufen; eine Straße, wie Cordi-
none hingegen, wo das ganze häusliche Leben
im Freien geführt wird, wo aller Unrath auf
dem Pflaster angehäuft liegen bleibt, hat den
Ruf einer gesunden Luft für sich. In derselben
Straße bezeichnet man Häuser als Fieberhöhlen,
andere als frei von diesem Uebel. So ist das
nördliche Ende des Corso gemieden, das südliche
gesucht. Alle Wohnungen, welche an einem
Berghang lehnen, sind vorzugsweise als gefährlich betrachtet, die Piazza di Spagna hingegen, welche doch ganz am Fuß der Höhen
liegt, soll der gesundeste Theil von Rom sein.

Im Allgemeinen nimmt man an, je mehr
Menschen in einer Straße leben, je mehr Feuer
dort brennen, je gesünder ist sie. Unbedingt
gefährlich sind aber alle Gärten, alle freien

Plätze und jede Baumpflanzung. Freilich sollte man von Allem das Gegentheil glauben.

Der Monte Pincio, mit achtzig Fuß hohen Terrassen aufgemauert, bildet einen der schönsten Spaziergänge der Welt. Von dort erblickt man die ganze lärmende Stadt zu seinen Füßen ausgebreitet. Zahllose Kuppeln und Thürme überragen die Masse von Palästen und Häusern. Staunend schweift der Blick über eine solche Mannigfaltigkeit alter und neuer Bauten. Neben jener weit sichtbaren Pinie im Garten der Colonna erhebt sich ein alter viereckiger Thurm, von welchem aus Nero dem Brande der Stadt zugesehen haben soll, indeß er zur Leyer sang. Weiter rechts ragt das Capitol hoch über den venezianischen Palast empor. Petrus und Paulus blicken von den Säulen des Antonin und Trajan herab, auf welche man sie gestellt hat, nachdem jene Schäfte, wie die Inschrift besagt, „von allem Unheiligen gesäubert" worden sind. In violetten Tinten malt sich der Janiculus ab, mit der stolzen Aqua Paula und dem Kloster St. Onofrio, wo Tasso seine Leiden endete. Riesenhaft tritt der Vatican aus dem Nebelduft

der Tiberniederung hervor, und das unverwüst-
liche Grabmal Hadrian's steht wie ein gewapp-
neter Krieger im Halbdunkel der Dämmerung.
Schon sendet die Sonne ihre letzten Strahlen
durch die Fenster des von Michel Angelo in die
Lüfte erhobenen Pantheons. Jetzt senkt sie sich
in das flimmernde Meer und der Himmel bildet
einen unermeßlichen Goldgrund, auf welchem die
Peterskuppel und die Engelsburg als Silhouetten
mit unbeschreiblich scharfen Umrissen abgezeichnet
stehen. Ein sanfter Lufthauch rauscht erquickend
durch die breiten Wipfel der Pinien in der
Villa Borghese, und die Wasser am Fuß des
Obelisken auf dem schönen Platze del Popolo
scheinen mit neuer Lebhaftigkeit zu plätschern.
Aber wo sind die Zuschauer dieses erhabenen
Sonnenuntergangs? Dort unten in jener Wagen-
reihe, in jenem Gedränge von Fußgängern ziehen
sie zwischen den noch glühenden Mauern des
Corso auf und ab, denn der Monte Pincio ist
für ungesund erklärt und gerade der Sonnen-
untergang der gefährlichste Moment des Tages. —
So auch, wenn nach einer Hitze von 30° Reaumur
im Schatten ein erquickender Regen die Luft

erfrischt, werden sorgfältig alle Fenster geschlossen, denn dann gerade ist die größte Gefahr.

Dem Fremden nun kommt dies Alles sehr
wunderlich vor und er ist um so mehr geneigt,
die ganze Theorie von der aria cattiva für
eine Fabel zu halten, als er sich selbst in derselben ganz wohl befindet. — Schreiber dieses
hat in der schlimmsten Jahreszeit, im August
und September, täglich die verrufene Campagna
von vor Sonnenaufgang bis oft nach Sonnen-
untergang durchstreift und nie den geringsten
Nachtheil davon verspürt. Die Italiener behaupten, daß nordische Naturen die nöthige
Energie mitbringen, um zwei oder drei Jahre
allen Einflüssen des Klimas zu trotzen, und
wahr ist es, daß die Fremden nach längerem
Aufenthalt dem Fieber erliegen wie die Ein-
geborenen. Ueberhaupt, wer die leidende
Physiognomie des Landvolks dieser Gegend gesehen hat, wer da weiß, daß im Hospital
S. Spirito alljährlich bis zu 40,000 Fieber-
kranke aufgenommen werden, der kann an der
Schädlichkeit des Klimas während der Sommer-
monate bis zum October nicht zweifeln. Die

Thatsache steht fest und es fragt sich nur, ist dieser betrübende Zustand von jeher so gewesen, oder welche Ursachen haben ihn herbeigeführt?

Einige italienische Gelehrte sind der Ansicht, daß das Klima unverändert geblieben ist, und daß nur die jetzige Lebensweise, die Verzärtelung, und namentlich die Bekleidung mit Leinen statt der wollnen Toga Ursache der Krankheitserscheinung seien. Aber man weiß nicht, daß die Capuziner in ihren härenen Gewändern gesunder wären, als das Landvolk in seinen Manchester-Jacken. Auch die frommen Väter entfliehen aus ihren kühlen Kreuzgängen am Lateran und bei S. Paolo in die Stadt, sobald es heiß wird. Daß die Alten dem Gotte des Fiebers einen Tempel geweiht hatten, beweiset nur, daß die Krankheit ihnen nicht unbekannt war, eben so wenig darf man auf die Verderblichkeit des Klimas schließen, wenn verheerende Seuchen, meist in Folge von Mißwachs und Krieg, durch die Geschichtsschreiber erwähnt werden. Daß aber zu gewissen Zeiten des Jahres die Bevölkerung die Flucht ergriffen hätte, um sich dem verderblichen Einfluß der freien Luft zu entziehen, das finden

wir nirgends aufgezeichnet, und doch wäre dies
eine Thatsache, welche ein Beobachter wie Plinius
wol erwähnt hätte. Wie hätten auch die Römer
ihre Schätze zu solchen Parkanlagen verwenden
mögen, welche während der Kaiserzeit die ganze
jetzt verpestete Campagna bedeckten. Das Bedürfniß, die Liebe zum Gewinn konnten Ackerbau in einer die Gesundheit gefährdenden Gegend
treiben; aber Anlagen, die nur den Zweck be-
haglichen Lebensgenusses hatten, würde man
dahin nicht mit besonderer Vorliebe verlegt haben,
wenn das nur zwei bis drei Meilen entfernte
Gebirge einen gesunden Aufenthalt darbot.

Dionysius von Halicarnaß war ein Fremder
und konnte das Klima von Mittelitalien mit
dem seiner Heimath vergleichen. Er lobt es als
das köstlichste, ohne für Rom eine Ausnahme
zu machen. „Es ist aller Vorzüge und aller
Wonne voll." Außer dem gebauten Lande, sagt
er, welches drei Ernten gestatte, finde man
Weiden für Schafe und Ziegen, Pferde und
Rinder. Sie konnten damals auch im Sommer
abgehütet werden, da sie jetzt doch im Juni
schon vertrocknen, wahrscheinlich in Folge der

damals stärkeren Bewaldung und der größeren Cultur, denn Dionysius nennt als Ursachen den Thau und die Bewässerungsgräben, welche jetzt fehlen. Er erwähnt des schönen Schiffbauholzes, der Leichtigkeit, es fortzuschaffen, wegen der Menge der Flüsse und der Nähe des Meeres, der angenehmen Quellen, der Metalle, des Jagdwilds und der Meereserzeugnisse. „Aber," schließt er, „das Herrlichste von Allem ist die Luft."

Und doch ist es gerade diese Luft, welche nach der Volksstimme an allem Unheil schuld sein soll. Nun mag sie immerhin die Trägerin des Ansteckungsstoffs sein, aber die Ursache selbst ist sie sicher nicht. Eine chemische Decomposition dieses beweglichen Elements müßte nothwendig an allen Orten fühlbar sein. Erwägt man, daß die Campagna di Roma in der Entfernung von drei Meilen östlich durch ein bis tief in das Frühjahr mit Schnee bedecktes Gebirge, in derselben Entfernung westlich durch das heitere Becken des mittelländischen Meeres begrenzt ist, und daß die Gebirgsbewohner so wenig wie die Schiffer etwas von Malaria wissen; bedenkt man ferner, daß der mäßigste Wind binnen wenig

Stunden eine neue Luftschicht über Rom ausbreitet, welche eben erst die besten Eigenschaften
gezeigt hat, so wird man die Luft selbst wol
freisprechen müssen.

Andere nehmen an, daß in der Campagna eine
Polarität des animalischen und des vegetabilischen
Lebens walte. Gerade die mit Bäumen bestan-
denen Gegenden seien die allerungesundesten, so
die Villa Borghese bei Rom und die schönen
Wälder bei Ostia, wo der wilde Wein zu mehr
als 100 Fuß Höhe an den gewaltigen Pinien-
stämmen emporrankt und die Erika manneshoch
wuchert. Wie in vielen Ländern Mofetten sich
als die letzte Regung vulkanischer Thätigkeit
darstellen, so finden sich auch bei Rom und
namentlich im Tiberbette selbst solche Quellen
irrespirabler Luft. Die Kohlensäure, welche sie
anhauchen, befördert den üppigsten Pflanzen-
wuchs eben so sehr, wie sie dem Leben der Thiere
verderblich ist. Nun befindet sich aber der Büffel,
welcher bis an den Hals in den stagnirenden
Pfützen von Ostia steckt, vortrefflich, Rinder,
Pferde, Schafe und Schweine gedeihen zu vor-
züglicher Güte und das Gras wimmelt von

Eidechsen, Schlangen und Insecten. Nur eben
der Mensch leidet. — Zudem erklärt sich die
ungesunde Luft bei Ostia zur Genüge aus den
dortigen Sümpfen, und die Villa Borghese ist
ein viel zu beschränkter Raum, um irgend einen
Schluß zu begründen.

Wenn man von der Malaria reden hört, so
könnte man glauben, Rom läge in einem Sumpfe,
welcher der Luft seinen Pesthauch mittheilt, indem
sie über ihn hinstreift. Dies ist nun aber auf
keine Weise der Fall, vielmehr ist die Campagna
durchweg ein vorzugsweise trockenes, meist dürres
Hügelland, von schnellfließenden Strömen und
Bächen durchschnitten, deren vorübergehende
Ueberschwemmungen sich nie über die eigentliche Thalfläche hinaus erstrecken. Die nächsten,
immer nicht sehr ausgedehnten Sumpfflächen,
die Paludi von Ostia, sind drei deutsche Meilen
von der Stadt entfernt. Die größeren pontinischen Sümpfe hingegen liegen beinahe eben
so nahe an Neapel, als an Rom, und doch
hört man Nichts von ihrem üblen Einfluß auf
die Campagna Felice, die sorgfältig angebaute
Fläche, welche jene Hauptstadt umgibt.

Auch der Gelehrte Brocchi glaubte das Uebel in der nächtlichen Ausdünstung des Erdbodens zu finden. An einer besonders für ungesund gehaltenen Stelle, in dem feuchten Schilfgrunde bei S. Lorenzo fuori le mura sammelte er während mehrerer Nächte in einem mit der höchsten Vorsicht zugerichteten Apparate den atmosphärischen Niederschlag. Trotz der sorgsamsten chemischen Analyse gelangte er jedoch zu keinem anderen Resultate, als — zu einem tüchtigen Wechselfieber.

Wenn wir nun aus den geschichtlichen Zeugnissen folgern dürfen, daß das römische Klima keineswegs zu allen Zeiten ein verderbliches gewesen ist,* so liegt die Frage nahe, was sich

---

* Erst seit dem 10. Jahrhundert unserer Zeitrechnung vernimmt man, wie bei Reumont zu lesen, allerlei Klage über die Ungesundheit Roms. Heutzutage sind die Straßen Roms so sauber wie die von Paris. Und doch ruft's in unseren Tagen laut wie vor achthundert Jahren aus so manchem alten oder neuen Quartier der Stadt, was San Pier Damiani an Papst Nikolaus II. schrieb:

Roma vorax hominum domat ardua colla virorum,
Roma ferax febrium necis est uberrima frugum.

Anm. d. Herausg.

denn in der römischen Natur seit jenem besseren Zustande geändert hat?

Die Ueberschwemmungen des Tiber wiederholten sich damals in bedeutenderer Ausdehnung noch, als jetzt. Die pontinischen Sümpfe waren zu allen Zeiten vorhanden und für ihre Trockenlegung wenig geschehen. Auch die Versumpfung der Tibermündung hatte lange vor der Kaiserherrschaft schon begonnen, und wir haben gesehen, daß, so weit die Geschichte reicht, keine großen Revolutionen die Gestaltung des Bodens mehr veränderten. An eine chemische Zersetzung seiner Bestandtheile können wir um deswillen nicht gut glauben, weil er sich auch in anderen Wirkungen kund geben müßte. Es wachsen aber noch heute um Rom alle die Pflanzen, welche Plinius dort gekannt hat, nur einige Arten mehr, welche später dorthin versetzt sind. Ebensowenig hat sich die Thierwelt verändert, sie spürt Nichts von der Malaria. — Was sich aber seit etwa tausend Jahren gänzlich geändert hat, das ist der Anbau, — nicht das Qualitative, sondern das Quantitative in Pflanzen-, Thier- und Menschenwelt.

Nun läßt sich noch keineswegs behaupten, daß ein nicht angebauter Boden an und für sich ungesund sei, sonst müßten ja gerade die Erbauer Roms am meisten gelitten haben. Auch von den Ansiedlern in Nord-Amerika wissen wir nicht, daß das von keinem Pfluge noch berührte Land Krankheiten erzeuge. Constantinopel liegt in einer noch viel wüsteren Gegend als Rom. Dieses ist doch von einem Gürtel höchst sorgfältig bebauter Gärten und Weinberge umschlossen, welcher sich $\frac{1}{2}$ bis 1 Meile um die Stadtmauer ausbreitet. Wenn man hingegen die mit Cypressen bedeckten Begräbnißplätze von Pera im Rücken hat, so trifft man bis zum schwarzen Meer eine durchaus wüste Haidegegend, und aller Anbau beschränkt sich auf die Thalhänge des Bosporus. Dennoch ist Constantinopel gewiß einer der gesundesten Wohnorte in der Welt. Dazu mag freilich die Lage des thrakischen Chersonesus zwischen zwei Meeren und der schöne Wald von Belgrad beitragen; auch fehlt jede Nachricht darüber, daß dieses wasserarme Land je in einem besseren Culturzustande gewesen wäre.

Dagegen scheinen alle solche Orte vorzugsweise ungesund zu sein, welche einst eine große Menschenzahl umschlossen und dann verödeten. Wir wollen als Beispiel nur Nicäa, Pästum und Antiochien anführen, wo der Reisende nur ein Nachtlager zu nehmen braucht, um wahrscheinlich ein Fieber davon zu tragen.

Wenn wir die verschiedenen Stadien betrachten, welche den Culturzustand der römischen Campagna durchlaufen, so sehen wir in den ältesten Zeiten eine Waldregion, in welcher die Art Raum für den Pflug machen mußte. Mit der steigenden Macht und der zunehmenden Bevölkerung der Stadt dehnten sich die Ackerfelder immer mehr aus, der Wald wurde immer mehr gelichtet und wenn zwar noch ein beträchtlicher Theil des Bodens zur Weide der Heerden benutzt wurde, so ist dies kein Zeichen einer mangelhaften Cultur. Auch in England bleibt tragfähiges Land für die Viehzucht liegen, weil es weit leichter ist, Korn, als Fleisch für eine große Bevölkerung aus der Ferne herbei zu führen. Als Rom über alle Länder gebot, welche das mittelländische Meer umschließen,

waren Aegypten und Sicilien seine Korn-
kammern, und die Ackerfelder und Weiden um
Rom konnten in Landsitze und Gärten verwandelt werden, welche kaum noch Etwas
producirten und nur der Pracht und dem Ver-
gnügen geweiht waren. Dadurch nun und durch
die immer mehr anwachsenden Latifundien wurde
die eigentlich arbeitende Classe des Landvolks
verdrängt. Die ungeheuren Summen, welche
die Anlage und die Unterhaltung jener Villen
kosteten, strömten von außerhalb herbei. Aber
während dieser höchsten Blüthe hatte der Verfall
des Reichs schon begonnen, mit ihm versiegten
die Quellen des Reichthums und die ertraglosen
Lustgärten veRödeten, ehe noch die feindlichen
Heere sie zertraten. Während des ganzen
Mittelalters herrschte eine Unsicherheit, welche
jede Ansiedelung in der nun einmal entvölkerten
Gegend unmöglich machte. Selbst die alten
Straßen wurden verlassen und man bequemte
sich zu Umwegen, um die Nähe der Raubschlösser
zu vermeiden, wie denn das der Gaetani daran
schuld ist, daß noch heute die Porta Latina geschlossen und die Straße nach Albano zur Porta

S. Giovanni hinaus führt. Selbst als eine Reihe kräftiger Männer auf dem Stuhle St. Peter's einen besseren Zustand in Rom hergestellt hatten, als die Grafen von Tusculum vernichtet, die Colonna und die Corsini gedemüthigt waren, herrschte doch in der Campagna noch eine Unsicherheit, von welcher die z. B. durch Leo X. angelegten Casali das beste Zeugniß ablegen. Diese Meierhöfe sind vollständige Burgen mit Thürmen, Zinnen und Gräben, in welchen man noch heute dem Angriff einer Räuberhorde entgegentreten könnte.

Von diesen ist nun Nichts mehr zu fürchten, aber andere und schwere Hindernisse stehen dem Wiederanbau der Campagna entgegen, die nicht sowol in der Natur als in den gesellschaftlichen Zuständen begründet sind.

Seitdem die Waldgötter aus den schauerlichen Hainen vertrieben, sind auch die Najaden aus ihren Grotten verscheucht. Der Wasserreichthum der Quellen hat sich vermindert und der Thau senkt sich spärlicher auf die von der Sonne verbrannten Fluren. Es unterliegt aber wol keinem Zweifel, daß ein bedeutender

Theil dieser Fläche der Forstcultur zurückgegeben werden könnte. Der Tiber und namentlich der Anio haben Wasser und Gefälle genug, um ein Riesel-System zu schaffen, dessen Entstehung sogar durch die geringe Zahl von Eigenthümern einer ungeheuren Bodenfläche erleichtert werden müßte. Aber gerade diese ungleiche Vertheilung des Eigenthums ist das Haupthinderniß für die Entwickelung eines besseren Zustandes. Die Kathedrale von St. Peter, das Hospital S. Spirito, die Fürsten Borghese haben Hunderttausende von Morgen Land inne, von denen höchstens ¹/₇ alljährlich beackert wird. Für diesen Zweck werden ganze Scharen von Arbeitern in den umliegenden Gebirgsorten angeworben, andere kommen aus noch entfernteren Provinzen herbei. Da keineswegs auf allen Tenuten ein Casale oder nur ein Nothdach vorhanden ist, so schläft die Mehrzahl dieser Menschen, welche Tags bei einer Hitze von 40° in der Sonne gearbeitet, Nachts auf dampfender Erde unter freiem Himmel. Je weiter die Jahreszeit fortschreitet, je ungesunder wird der Aufenthalt im Felde, und in immer größerer Zahl wandern die Arbeiter den

Spitälern zu. So kommt es, daß in der Ernte-
zeit ein Tagelohn von mehr als einem Thaler
für den Mann gezahlt werden muß. Natürlich
kann der Gewinn aus einer solchen Ackerwirth-
schaft nicht groß sein, und Rom bedarf, auf einem
höchst fruchtbaren Boden und unter dem schönsten
Himmel gelegen, alljährlich einer sehr bedeutenden Zufuhr des ersten Lebensbedürfnisses, des
Korns, von Außen her. Nun sollte man meinen,
daß es im Interesse des römischen Adels selbst
läge, den Grundbesitz zu zertheilen, oder doch in
Erbpacht zu geben. Mit dem letzteren Verfahren
ist wirklich ein Anfang gemacht, aber leider der
Versuch wieder aufgegeben worden.

Wer an den großen Festtagen der Kirche,
wo der Papst „der Stadt und dem Weltkreis"
seinen Segen von der Loggia des Lateran oder
St. Peter's ertheilt, noch Zeit hat, von dem
Gepränge des Clerus ab und über die Wagen
der Fremden und die Reihen der Truppen hin-
weg zu blicken auf die Tausende von Menschen,
das eigentliche Volk, welches zu dieser Feier
viele Meilen weit aus den Nachbarstädten zu-
sammenströmt, der erstaunt gewiß, fast Nichts

als eine endlose Menge von zerlumptem Gesindel
zu erblicken. Wir sprechen hier von der äußeren
Erscheinung. Es steckt in diesem Volke eine
uralte Cultur, eine Gesittung, welche sich in
den größten Versammlungen, in der ausge-
lassensten Freude des Carnevals vortheilhaft aus-
spricht und die Roheit unseres Pöbels fern hält.
Wenn aber einige Bildung des Geistes, verbunden
mit einem die unabhängige Stellung sichernden
Vermögen, den Mittelstand einer Nation ausmacht, den wir uns nicht ohne eine gewisse
Decenz der äußeren Erscheinung und der Klei-
dung denken, so fehlt dieser Stand um Rom
gänzlich. — Die wichtige Classe der kleinen
Grundbesitzer ist in der ganzen Campagna nicht
vorhanden. Die großen Grundherren haben
daher keine rechte Bürgschaft in der Person
derer, denen sie ihre Grundstücke verpachten.
Es fehlt am Inventar, an festen Wohnplätzen,
am Betriebs-Capital. So nehmen sie lieber den
geringeren, aber sicheren Vortheil, den ihnen der
Mercante di Campagna bietet (eine Mittels-
person, welche den Ackerbau als kaufmännische
Speculation betrachtet), und den Zins, welchen

die Rinderheerden für die Weide entrichten. So
lange aber die großen flächen nicht durch Par-
zellirung in die Hände vieler kleiner Eigen-
thümer übergehen, ist an eine dauernde Ansiedelung und Wiederherstellung der Cultur in dem
ager romanus nicht zu denken.

Ob nun eine solche Cultur auch den früheren
besseren Zustand der klimatischen Verhältnisse
wieder herstellen wird, läßt sich mit Zuversicht
nicht vorhersagen. Aber es liegt doch sehr nahe,
anzunehmen, daß die einzige wesentliche Verän-
derung, welche seit der Verschlechterung einge-
treten, auch die Ursache der Verschlechterung sei.

Die Campagna von Rom ist das gelobte
Land der Maler. Nach ihnen gibt es nirgends
schönere Umrisse, als die des Albaner-Gebirges,
nirgends eine wärmere färbung, als das Braun
der weiten fläche, über welche ein tiefblauer
Himmel sich erhebt. Ein dem spanischen Picadore
vollkommen ähnlicher Reiter auf einem kohl-
schwarzen Hengst, der mit dem langen Stabe
eine wild einherstürzende Heerde mächtig ge-
hörnter Ochsen lenkt, oder ein Hirt, in Ziegen-
felle gekleidet, dessen Schilfflöte in der Einsamkeit

einer Tempelruine ertönt, bilden die Staffage,
die Wölbung einer halbverfallenen Wasserleitung
den Rahmen des Bildes. Allein, welcher Zauber
auch in dem tiefen Schweigen dieser Natur liegt,
welche Erinnerungen sich an eine Welt der Vergangenheit knüpfen, so glauben wir doch, daß
das, was die öde Campagna an Reizen verlöre,
die angebaute reichlich wieder gewinnen
würde, und herzlich wünschen wir, daß eine künftige Generation den Vergleich anstellen möge."

Die Absicht des Freiherrn von Moltke ging
dahin, den Leser in systematischer Ordnung zu
jedem Thore der ewigen Stadt hinaus und in
jedes hinein zu geleiten, „den Wegen in ihren
Verzweigungen nachzugehen, bei jedem noch
so unscheinbaren Trümmerhaufen einen Augenblick still zu stehen". Eine Reihe erzählender
Aufsätze sollte diese Ruhepunkte bezeichnen,
indem sie für jeden Ort der Umgebung Roms
die Geschichten und Sagen, durch welche er
bemerkenswerth geworden, auf Grund um-
fassender Quellenstudien anschaulich vorführten.
Von der eigentlichen Wanderung* sind kaum

* In jüngster Zeit hat ein bewährter englischer Schrift-

etliche Zeilen zu Papier gebracht worden. Von den historischen Aufzeichnungen finden sich fünf, zum Theil nur bruchstücksweise vor. Es geht den Ordner dieser Mittheilung hart an, nicht alle Fragmente gerade wie sie sind, zum Abdruck zu bringen. Doch — er fürchtet den olympischen Zorn des Verfassers, der diese Aufsätze für unfertig erklärt, und beschränkt sich daher auf die Wiedergabe von drei Erzählungen, die Rom, wie am Anfang so am Ende seiner antiken Laufbahn, kennzeichnen: den Auszug der römischen Bauerschaft nach dem „heiligen Berg" in den Jahren 494 v. Chr. — den Untergang der Fabier am Cremera 477 v. Chr. — und die Entscheidungsschlacht zwischen Constantin und Maxentius 312 n. Chr.*

steller solche Wanderungen in Roms Umgegend in einem anmuthigen Werke: Days near Rome by Augustus J. C. Hare (London bei Dalby Isbister u. Co.) behandelt.

* Außer diesen handelt ein Abschnitt von der Fossa Cluilia, einem Abzugsgraben, durch welchen vor Alters „das Thal von Grotta ferrata am Fuße des Albaner-Gebirges entwässert und aus einem See in ein fruchtbares Kesselthal umgewandelt wurde", und den beiden Ereignissen an dessen Ufer, welche in allen Sagen von Roms Ge-

Mons Sacer.

Im Jahre 260 nach Erbauung der Stadt,
zog die mißvergnügte Plebs auf den Rath eines
gewiſſen Sicinius, ohne Befehl der Conſuln auf
den heiligen Berg hinaus, jenſeit des Fluſſes
Anio, 3000 (römiſche Doppel-)Schritte von der
Stadt. Hier ſchlugen ſie, ohne alle Anführer,
ein feſtes Lager mit Wall und Graben auf,
und hielten ſich, ohne etwas zu nehmen als die
nöthigen Lebensmittel, mehrere Tage ruhig,

ſchichte eine ſo große Rolle ſpielen: der Kampf der Horatier
und Curiatier, und die Bedrohung Roms durch Coriolan.
Ein anderes Capitel war den langen Kämpfen um Fidenae,
ſeiner allmäligen Coloniſirung und ſchließlichen Vernichtung
gewidmet. Dieſer Brückenkopf Veji's — wie ihn Mommſen
nennt — die „hochgelegene und feſte Stadt" auf dem linken
Tiberufer, fünf Millien von Rom, ſucht unſer Autor nicht
bei Caſtel Giubileo, ſondern „auf dem hohen Thalufer, auf
welchem jetzt die Villa Spata ſteht. Der Raum, welchen
ſie einnahm, iſt von zwei tiefen Thälern umſchloſſen und
für die Vertheidigung wol geeignet. Denn die Abfälle
zu dieſen Schluchten wie zum Tiber ſind ſteil und ſchwer
erſteigbar, ſo daß nur die ſchmale ſüdöſtliche Front ſorg-
fältig befeſtigt zu werden brauchte."

wurden von Niemand angegriffen und vergriffen
sich an Niemand.

Die von Livius angegebene Entfernung
stimmt sowol für die salarische als für die
nomentanische Brücke über den Anio, allein bei
dem zweiten späteren Auszug nach dem heiligen
Berg wird ausdrücklich erwähnt, daß der Zug
sich auf der nomentanischen Straße bewegte,
welche damals die ficulensische hieß, und Varro
setzt hinzu, daß das Lager der Plebs auf der
crustumerischen Feldmark gestanden habe.

Was beabsichtigten die Unzufriedenen durch
diese kurze Auswanderung? Wie konnten sie
hoffen, durch einen solchen Schritt eine Ver-
besserung ihrer bürgerlichen Lage zu erreichen?
Wollten sie die alte Heimath am Tiber aufgeben, um eine neue am Anio zu gründen?
Aber dies Land hatte schon seine Herren, es
gehörte zum Theil ihnen selbst. Wollten sie das
eigene Vaterland bekriegen? Dann hätten sie
in Rom eindringen, nicht hinausgehen müssen.
Oder wenn sie den Patriciern blos ihres Armes
Schutz entziehen wollten, während Volsker und
Sabiner sich feindlich rüsteten, wie lange wollten

sie denn auf dem Hügel am Anio schmollen; wovon leben, da sie doch der Patricier Aecker gewissenhaft schonten; wer endlich sollte ihre in Rom zurückgelassene Habe, wer ihre Weiber und Kinder dort schirmen?

Sie griffen Niemand an und wurden nicht angegriffen, und dennoch schickte der stolze römische Senat nach wenig Tagen schon eine Gesandtschaft von Zehn seiner Mitglieder an sie ab, wie man es mit einem siegenden Feind herkömmlich gethan haben würde! Wo ist der Schlüssel zu diesen Räthseln?

Wir wollen uns von dem Scharfblick Niebuhr's, dieses rückwärts gekehrten Propheten, durch das Dunkel jener Begebenheiten leiten lassen.

Es wäre eine ganz irrige Auffassung, wollte man sich die Patricier als den bevorzugten Adel, die Plebs als die große Masse des gemeinen, meist unbegüterten Volkes vorstellen.

Der Adel, wenn man das Wort gebrauchen will, war in beiden Parteien vorhanden, und der Name der ersten Häupter des Plebs, die Licinier und Jcilier, stand dem der Quinctier

und Poſtumier nicht nach. Auch an reichen,
und zwar ſehr reichen Plebejern fehlte es nicht.
Die alte römiſche Plebs beſtand ausſchließlich
aus Landwirthen, ſie waren Ackerbürger, und
Handel und Gewerbe waren ihnen ſogar unter-
ſagt. Somit erſcheinen ſie als die achtbare Claſſe
der Landleute, von der Cato behauptet, daß ſie
die wenigſten böſen Gedanken habe. Sie bildeten recht eigentlich die Kraft und den Nerv
des Staates, wie ſie denn das ganze Fußvolk
ausmachten.

Die Patricier waren der Prieſterclaſſe ent-
ſproſſen, die Plebs meiſt aufgenommene Latiner;
jene Lehnsträger der Republik, berechtigt zur
Benutzung des Gemeindelandes, dieſe mit Land-
eigenthum abgefunden, freie Allodialbeſitzer. Die
Erſteren waren in Geſchlechter vereint, die mit
ihren Clienten (welche keineswegs Plebejer) oft
ſehr zahlreich waren; dieſe Letzteren in einzelne
Familien getrennt. So bildeten beide Parteien
zwei geſonderte Völkerſtämme, in einen Staat
zuſammengefaßt, aber ohne gegenſeitiges Ehe-
recht. Und bei dieſer Theilung der Nation
dürfte ſogar das Uebergewicht der Zahl nicht

einmal sehr merklich auf Seite der Plebejer gewesen sein.

Um so gefährlicher war die Spaltung. Seit
durch den Tod des letzten Tarquiniers die Furcht
vor der Rückkehr der alten Königsfamilie be-
seitigt war, hatten die Patricier die übrigen
Bürger von allem Antheil an der Regierung
wie an den Gemeindeländereien verdrängt. Ver-
armung beraubte viele Plebejer ihres Erbes.
Mit ihrem Blute erkämpften sie Siege, aber die
eroberten Grundstücke kamen ihnen nicht zu gut.
Selbst die Kriegsbeute, welche sie bei ihrem Eid
verpflichtet waren abzuliefern, wurde ihnen vor-
enthalten und floß in den Schatz der Patricier.
Sie mußten in den ununterbrochenen Kriegen
zugleich steuern und fechten. Am ärgsten aber
drückten das Volk der heillose Geldwucher und
die barbarischen Schuldgesetze. Der Zinsfuß war
unbegrenzt und wurde nur durch die Habsucht
auf der einen, die Noth auf der anderen Seite
bestimmt. Durch die zum Capital geschlagenen
Zinsen wuchs schnell die Schuld und, wer der
Forderung nach des Prätors Spruch innerhalb
der gesetzlichen Frist nicht genügte, wurde mit

Kindern und Enkeln als Schuldknecht dem
Gläubiger zugesprochen, der sich an ihrer Person
und ihren Dienstleistungen bezahlt machte. Da
nach und nach fast der ganze Bürgerstand ver-
armte, so erlangten die Patricier dadurch eine
wahrhaft furchtbare Gewalt. Jedes patricische
Haus glich einem Schuldthurm, in welches an
jedem Gerichtstag Scharen von Gefesselten abgeführt wurden. Die Valerischen und andere
zum Schutz der Bürger gegebene Gesetze waren
unter den Schrecken der Dictatur abgeschafft oder
unwirksam gemacht. Den Widerstand der Plebejer beseitigte man durch die Aushebung zum
Kriegsdienst, denn wenn das Heer die Bann-
millie überschritten, so war die Gewalt des
Imperiums unbeschränkt.

So kam es dahin, daß ein römisches Heer
die Flucht dem Siege vorzog, blos damit ein
ihm verhaßter Consul den Triumph nicht erlange;
dahin, daß das Erscheinen auswärtiger Feinde
den Senat mit Bestürzung, die Plebs mit
Hoffnung erfüllte. Die Bürger verweigerten
es geradezu, die Waffen zu ergreifen. Die
Väter möchten nur Dienste thun, damit nicht

ſtets den Einen die Gefahren, den Anderen die
Belohnung des Kriegs zuſielen; für ihr Vaterland
wollten ſie fechten, nicht für ihre Zwingherren.

Ein Funke entzündete endlich den gehäuften
Brandſtoff. Ein Greis, dem Schuldkerker ent-
ſprungen, rief in Todesangſt den Beiſtand der
Quiriten an. Er zeigte dem Volk auf ſeinem
Rücken die ſchmählichen Spuren der Geißel, auf
ſeiner Bruſt die ehrenvollen Narben, die er in
achtundzwanzig Schlachten davongetragen hatte.
Man erkannte in ihm einen ehrwürdigen Haupt-
mann. Der Krieg hatte ſeine Habe zerſtört,
die Hungersnoth ihn gezwungen, Alles zu ver-
kaufen. Wucheriſcher Zins hatte ſeine Schuld
vervielfacht, der Gläubiger ihn und ſeine Söhne
in Ketten gelegt.

Die Erbitterung war groß und das Volk
verſpottete die Aufforderung zu den Waffen.
Dennoch als nun in der äußerſten Noth zuge-
ſtanden wurde, daß das Eigenthum eines im
Lager ſtehenden Kriegers nicht mit Beſchlag
belegt oder verkauft werden ſolle und daß an
ſeine Kinder und Enkel ein Anſpruch nicht zu
machen ſei, da ließen ſich ſofort alle Schuld-

fflaven einfchreiben und Niemand that es ihnen an Tapferkeit zuvor. Aber kaum kehrten fie heim, als man mit derfelben Härte gegen fie verfuhr.

Im folgenden Jahre drohte abermals Krieg. Die Patricier griffen zum letzten Mittel, zur Dictatur. Zum Glück erwählte man den vom Volk geliebten Valerius. Zehn Legionen rückten aus, fiegten überall und kehrten fchneller heim, als dem Senat lieb war.

Derfelbe verweigerte die von dem Dictator zugefagte Befreiung der Schuldknechte im Heer; da legte diefer fein Amt nieder. Den Frieden nach Außen habe er hergeftellt, den im Innern wolle man nicht. So wünfche er beim Aufruhr lieber Privatmann, als Dictator zu fein. — Das Volk fühlte, daß Valerius nur durch Verletzung der Verfaffung fein gegebenes Wort hätte löfen können, und mit der unveränderlichen Achtung vor dem Gefetz, welche das römifche Volk charak-terifirt, begleitete es ihn mit Beweifen des Wohlwollens in feine Wohnung.

Noch waren fechs Legionen unter den Waffen, und da man unter dem Vorwand eines neuen Krieges fie im Felde bleiben hieß, fo brach nun die Empörung aus.

Die Soldaten hatten den Confuln gefchworen. Anfangs wollten fie diefe ermorden, allein als fie belehrt wurden, daß eine folche Frevelthat fie ihres Eides nicht entbinde, fetzte das Heer fich den L. Sicinius Bellutus zum Anführer und zog auf den heiligen Berg.

Wir überfehen jetzt die Gründe, welche diefe Maßnahme herbeiführten. Das Beifpiel der vier Legionen des Dictators hatte die übrigen belehrt, was fie zu gewärtigen hatten, fobald fie in die Stadt einzögen. Sie wären unverzüglich in die härtefte und graufamfte Knechtfchaft zurück- gekehrt. Daher blieben fie draußen, deshalb nahmen fie den Anio zwifchen fich und Rom und wählten eine Stellung, die nicht zweck- mäßiger gefunden werden kann, um fowol Gewaltmaßregeln des Senats zu begegnen, als äußerften Falls die Hilfe der Sabiner in An- fpruch zu nehmen. Auf drei Seiten von Waffer umfloffen, war das Lager gegen die allein zu- gängliche Nordfeite leicht zu verfchanzen. Es war keineswegs die gefammte Plebs, welche auszog, sondern nur ein Theil ihrer jungen, waffenfähigen Mannschaft, welcher nicht einzog. Die große Masse der Bürger war in der Stadt in seinem Besitzthum mit Angehörigen, Weibern und Kindern zurückgeblieben, und diese zu schützen, standen sie ohne Zweifel damals auf den plebejischen Hügeln Aventin und Esquilin unter Waffen.

So erklärt sich auch die verschiedene Angabe der späteren Schriftsteller, indem einige den Auszug nach dem heiligen Berg, andere nach dem Aventin verlegen. Wahrscheinlich sahen sich die Bürger durch einen Theil des Land-volkes unterstützt, auch besaß der Aventin damals eine eigne Arx oder Citadelle. Aber das Heer lagerte auf dem heiligen Berg, dort waren die Führer des Aufstandes, und dort wurde der Friede verhandelt.

Die übrigen römischen Hügel waren in der Gewalt der Patricier, welche den großen Vortheil hatten, Regierung zu sein. Um sie scharten sich die zahlreichen Clienten. Die Claudier zählten deren allein fünf Tausend. Allein diese be-standen zumeist aus Handel- und Gewerbtrei-

benden, von denen für die Legionen nicht aus-
gehoben wurde. Sie waren der Waffen un-
kundig und nicht geeignet, dem kräftigen Landvolk Stand zu halten.

Eine solche Lage der Dinge durfte ohne
die äußerste Gefahr einer gänzlichen Vernichtung
des römischen Staates nicht lange bestehen.
Die Eroberung der patricischen Quartiere konnte
nur durch Ströme von Blut erkauft werden, und
die Sieger wären auf den rauchenden Trümmern
ihrer Vaterstadt, den feindlichen Nachbarvölkern
gegenüber, ihres unseligen Triumphes nicht lange
froh geblieben. Gewaltschritte gegen die Plebs
waren aber nicht minder bedenklich. 12 bis
15000 Bewaffnete (denn die damalige Stärke
der Legionen ist ungewiß), welche eben erst im
Felde gesiegt, die Nichts zu verlieren hatten,
wären sofort durch die von ihren Landsleuten
besetzten südöstlichen Thore der Stadt eingerückt.
Die Patricier hatten überhaupt am meisten zu
verlieren, und von den auswärtigen Feinden
mehr als die Plebs zu fürchten.

So geschah es, daß die Anträge auf eine
Aussöhnung von den Patriciern ausgingen.

Ihr großer Rath ermächtigte den Senat zu unterhandeln. Eine förmliche Gesandtschaft von Zehn seiner vornehmsten Mitglieder ging zu den Abtrünnigen auf den heiligen Berg.

Die Abgeordneten benahmen sich unter diesen schwierigen Verhältnissen mit ausnehmender aristokratischer Weisheit, indem sie gegenwärtige und persönliche Opfer nicht scheuten, um ihren Stand vor künftiger und bleibender Beeinträchtigung zu bewahren. Alle Schuldcontracte wurden vernichtet, Alle, welche durch richterliches Urtel der Knechtschaft zugesprochen, erhielten die Freiheit; dagegen wurde das Schuldrecht selbst, die Quelle jener Uebel, nicht aufgehoben. Auch die Bürger auf dem Aventin konnte man überzeugen, daß Geldverkehr ihnen unentbehrlich, strenge Gesetze dafür unvermeidlich seien. Das Gleichniß des Agrippa Menenius vom Magen und den übrigen Gliedern des Körpers bezog sich nicht auf politische, sondern auf das Schuldverhältniß. Der Senat hätte ein edleres Gleichniß verdient, auf die Geldmänner und Wucherer paßte es ganz wohl. Die Plebs erlangte weder das Consulat noch andere Ehrenämter, ebensowenig

Antheil an den Gemeindeländereien. Dagegen wurden die alten Valerischen Gesetze wieder hergestellt, und zu ihrer Handhabung das Tribunat geschaffen, als Schutz gegen die consularische Gewalt. Diese Tribunen wurden unverletzlich erklärt. Wer sich gegen sie verging, dessen Haupt war dem Jupiter, sein Haus der Ceres geweiht, d. h. er war in die Acht gethan und Jeder konnte ihn tödten, ohne daß er dafür zur Rechenschaft gezogen wurde. Der Tribun hatte keinen Theil an der Höchstgewalt, aber er konnte ihre Wirkung hemmen. Selbst vermochte er nicht zu richten, aber er vermittelte, daß das plebejische Gericht ungehindert zusammentrat, und hinderte bis zu dessen Entscheidung, daß nichts Unwiderrufliches geschah.

Die beiden ersten Tribunen wurden auf dem Hügel am Anio gleich gewählt, der neue Vertrag unter Opfern von allen Römern beschworen und der Ort dieser feierlichen Handlung, dem Jupiter geweiht, trug seitdem den Namen des heiligen Berges, sacer mons.*

* „Der Dictator," so schließt Mommsen seine Erzählung, „vermittelte das Verträgniß; die Bürger kehrten zurück in die

Das fabische Geschlecht am Cremera.

— — „Am Morgen des 15. Februars 276 versammelten sich die Fabier, 306 wehrhafte Männer, wahrscheinlich auf dem Quirinal, wo ihr gentilicischer Gottesdienst seine Stätte hatte. Der Consul Caeso Fabius im Feldherrn-Purpur trat zu ihnen heraus und nun zog dies kleine Heer aus der Stadt, ein Geschlecht gegen ein Volk.

Die Richtung ihres zahlreich begleiteten Zuges entnehmen wir aus Livius. Er führte „am Capitol, der Burg und anderen Tempeln vorüber, durch den rechten Schwibbogen der Porta Carmentalis nach dem Cremera, wo sie

Stadtmauern, die äußerliche Einheit ward wiederhergestellt. Das Volk nannte den Manius Valerius seitdem „den Großen" (maximus), und den Berg jenseit des Anio „den heiligen". Wol lag etwas Gewaltiges und Erhebendes in dieser, ohne feste Leitung unter den zufällig gegebenen Feldherren von der Menge selbst begonnenen und ohne Blutvergießen durchgeführten Revolution, und gern und stolz erinnerten sich ihrer die Bürger."

Anm. d. Herausg.

einen schicklichen Platz wählten, um sich zu verschanzen."

Diese Angabe läßt freilich noch manche Zweifel offen.

Wenn die Porta Carmentalis, wie Niebuhr glaubt, an der Ostseite des Capitols lag, so mußte der Zug der Fabier umkehren, um von der Burg dorthin zu gelangen. Nimmt man aber mit Sachse an, was eine größere Wahrscheinlichkeit für sich hat, daß das Thor westlich jenes Hügels lag, so gingen die Fabier, wie es auch natürlich erscheint, durch den belebtesten Theil der Stadt, über das Forum und um den Fuß des Capitolinischen Bergs, an dem Heiligthum der Carmenta vorüber zur Stadt hinaus. Der Thorbogen, durch welchen sie ihre Heimath verließen, um sie nie wieder zu sehen, bekam, als ein schweres Verhängniß diese Schar ereilt hatte, den Namen scelerata und während eines halben Jahrtausends ging kein Römer, der dem Glauben seiner Väter anhing, aus diesem Thore hinaus. Wer noch so nahe wohnte, machte einen Umweg, der andere Schwibbogen diente aber nach wie vor als Eingang.

Es muß auffallen, daß die Auswanderer vom Fuß der Arx nicht gleich ihre Schritte nach dem flumentanischen Thore richteten, um an die sublicische Brücke zu gelangen. Die eingeschlagene Richtung deutet mehr auf die milvische Brücke (Ponte molle) hin.

Wann diese Brücke erbaut wurde, ist nicht bekannt. Allein es ist sehr unwahrscheinlich, daß zu jener Zeit schon ein fester Uebergang oberhalb Roms über dem Tiber gelegen haben sollte. Die Römer bedurften des Schutzes, welchen der Strom gewährte, noch so sehr, daß selbst die unter ihren Mauern gelegene Brücke zum möglichst schnellen Abwerfen eingerichtet sein mußte.

Um nun die weitere Richtung des Marsches der Fabier zu ermitteln, müßte man vor allen Dingen wissen, wo der „schickliche Ort, um sich zu verschanzen", am Cremera gelegen habe. Darüber fehlen alle Nachrichten sowie jede materielle Spur.

Wenn das Unternehmen in dem Sinne ausgeführt worden, wie Livius annimmt, als die bleibende Vorhut eines nur unter Umständen

zu verſammelnden Heeres, ſo mußte die zu
wählende Stellung hauptſächlich zwei Bedingungen erfüllen. Sie mußte den Gegner in
der Nähe beobachten und den Rückzug auf Rom
möglich machen, folglich irgendwo in der Richtung zwiſchen der ſubliciſchen Brücke und Veji,
dieſem letzteren Ort nahe gelegen haben. Dieſen
Bedingungen entſpräche die Felshöhe, auf welcher heute Iſola Farneſe liegt. Von unerſteig-
lichen Abhängen umſchloſſen, nur auf einem
ſchmalen Rücken zugänglich, war die Stellung
für die damaligen Waffen uneinnehmbar und
überſah jedes Beginnen der Vejentiſchen Gegner.
Aber ſie wäre auch eben deshalb eine ſo unleid-
liche Herausforderung, eine ſolche ſtündlich wiederholte Drohung geweſen, daß die Vejenter ſich
derſelben um jeden Preis hätten entledigen
müſſen, und ſchwerlich würden die Fabier ſich
dort anderthalb Jahre haben behaupten können.
Eher ſchon wäre eine Stellung weiter abwärts
denkbar geweſen, da wo die Vejentiſche Straße
von Sepultura di Nerone kommend, ſich in das
Thal des Cremera hinabſenkt und ein auf-
fallender Cumulus ſich erhebt. Auch hier bot

das Terrain einer festen Stellung großen Vor-
schub, während die Gefahr, von Rom im Fall
eines Mißgeschicks abgedrängt zu werden, schon
größer ist.

Wenn aber die Mitnahme von Weib und
Kind berechtigt anzunehmen, daß es sich um
eine wirkliche Colonisirung handelte, dann tritt
der Rückzug auf Rom in den Hintergrund und
der Ort konnte unbedenklich noch weiter abwärts am Cremera, nach dem Tiber zu, gewählt
werden. Eine befestigte Pflanzstadt mit 5000
Einwohnern vermochte selbständig eine Belagerung auszuhalten, bis ein in Rom aufzu-
bietendes Heer zum Entsatz heranzog. Für eine
solche Niederlassung war die größere Entfernung
von Deji Bedingniß, da die Bewohner doch ihre
Felder bestellen, ihre Heerden weiden mußten
und weil bei großer Wachsamkeit dann die Mög-
lichkeit gegeben war, vor dem feindlichen Anfall
sich hinter die eigenen Wälle zu bergen.

Wenn wir daher annehmen, daß das Fabische
Trutz-Deji an dem unteren Cremera, etwa auf
der Höhe von Tor di Celso lag, so müssen wir
einräumen, daß das nur eine auf Wahrscheinlich-

seit beruhende Vermuthung ist. Der fernere
Verlauf der Begebenheit scheint jedoch deren
Annahme zu entsprechen.

So lange es nur auf Streifereien und Ver-
heerungen ankam, waren die Fabier stark genug,
nicht allein ihren Posten zu behaupten, sondern
auch das römische Gebiet gegen feindliche Ein-
fälle sicher zu stellen. Die Vejenter warben
Hilfe bei ihren Volksgenossen, den Etruskern,
und rückten gegen die Niederlassung der Fabier
vor, gleichzeitig zogen die römischen Legionen
unter dem Consul Lucius Aemilius zur Hilfe
der Letzteren heran. Ein Angriff der römischen
Reiterei gestattete den Vejentern kaum, sich zur
Schlacht zu ordnen. Bis Saxa Rubra zurück-
geschlagen, wo sie ihr Lager hatten, so erzählt
Livius, baten sie demüthig um Frieden. Nun
würden aber ohne Zweifel die Vejenter
nicht bei Saxa Rubra auf der nachmaligen
flaminischen Straße dicht am Thal des Tiber
gelagert haben, wenn die Burg der Fabier
weiter oberhalb am Cremera gelegen hätte, weil
sonst die Verbindung zwischen Stadt und Lager
der Vejenter unterbrochen gewesen wäre, gewiß

hätten sie sich dieser Burg gegenüber aufgestellt.

Livius fährt fort, daß die Vejenter mit dem
ihnen eigenen Wankelmuth den Frieden ge-
brochen hätten, bevor noch der Posten am Cremera
abgeführt worden sei. Wir dürfen wol annehmen, daß dies geschah, weil der Posten nicht
abgeführt wurde und daß Solches aus dem
Grunde unterblieb, weil der Senat nicht die
Macht besaß, die Fabier zum Aufgeben ihrer
eigenmächtigen Niederlassung zu zwingen.

Nachdem diese ihren etruskischen Gegnern
in größeren und kleineren Gefechten noch ferner
siegreich widerstanden, gelang den Letzteren eine
Kriegslist. Schon mehrere Male hatten sie den
Fabiern absichtlich eine leichte Beute vorgeführt.
Endlich zeigte sich auf dem weiten Felde in beträchtlicher Entfernung jenseit des Cremera eine
große Viehheerde. Die Römer machen sogleich
Jagd auf dieselbe, die erschreckte Heerde zerstreut
sich, entflieht, die Fabier setzen hitzig nach. Da
erheben sich von beiden Seiten Hinterhalte. Zu
spät erkennen die Fabier die Gefahr. Sie sam-
meln sich fechtend auf einem erhabenen Punkt,

aber umringt von ihren Gegnern fallen sie kämpfend bis auf den letzten Mann, 306 an der Zahl. Des Schicksals der fabischen Burg wird nicht weiter erwähnt; nachdem die Helden erschlagen, konnte sie nicht widerstehen. Das Loos der Angehörigen läßt sich errathen. Von dem ganzen Geschlecht soll nur Einer übrig geblieben sein, wahrscheinlich nicht ein Kind, sondern ein Mann, der, bei den früheren Gesinnungen seines Hauses verharrend, nicht mit den übrigen ausgezogen war, denn zehn Jahre später tritt er als Consul gegen die plebejischen Ansprüche auf. Er ist der Ahnherr der Maximi, welche Rom noch lange nachher in Krieg und Frieden große Männer schenkten und von welchen die heutigen Massimi ihren Ursprung ableiten möchten.

An dem Unglückstage, da die Fabier fielen, dem 18. Juli 277, stand der Consul C. Menenius im Felde und nur eine Stunde Weges entfernt. Es ist wahrscheinlich, daß die Patricier und ihr Consul das abtrünnige, sich unabhängig machende Geschlecht aufopferten. Aber Menenius selbst wurde in den Untergang verwickelt. Die

Dejenter griffen ihn an, schlugen ihn gänzlich, eroberten den Janiculus und nur durch schleuniges Abwerfen der Brücke wurde Rom sicher gestellt. Dem Menenius aber setzten die Tribunen später einen Gerichtstag und die Bürger verurtheilten ihn. —

Saxa Rubra.

Eine der folgenreichsten Begebenheiten der Geschichte ist die Schlacht, welche am 28. October 312 Constantin gegen den Maxentius focht. Durch sie gelangte das Christenthum zur weltlichen Anerkennung im römischen Reich. Und doch sind einige wenige und undeutliche Zeilen Alles, was über einen so wichtigen Vorgang Nachricht gibt. Mühsam suchen wir diese Zeilen aus einem Schwall von Redensarten heraus, denn die Panegyriker sind leider keine Geschichtsschreiber. Ihnen kommt es nur auf Verherrlichung des Siegers an, und sie vergessen dabei, daß sie das Verdienst ihres Helden in eben dem Maße schmälern, als sie Handlungen seines Gegners wie die eines von Gott selbst

mit Blindheit geschlagenen Thoren schildern.
Wir wollen versuchen, hier zusammenzustellen,
was sich an wirklichen Thatsachen ermitteln läßt.

Beide Kaiser rüsteten gegen einander.
Maxentius stellte 188,000 Mann in's Feld.
Wenn diese Zahl nicht übertrieben ist, so schloß sie
jedenfalls das in Rhätium aufgestellte Heer mit
ein. Constantin versammelte 98,000 Mann
Briten, Gallier und Barbaren. Vor seinem
Abzug nach Italien war aber die Rheingrenze
durch zurückzulassende Abtheilungen zu sichern.
Die Siege bei Turin und Verona konnten nicht
ohne bedeutenden Verlust an Menschen errungen
werden, und so ist es wol möglich, daß der Beschützer der Christen mit nur 25,000 Streitern
vor Rom erschien. Dennoch mußte es ihn
mit Freude erfüllen, als er seinen, wenn auch
an Zahl wahrscheinlich beträchtlich überlegenen
Gegner im freien Felde traf, bereit, ihm die
Schlacht zu bieten. Maxentius hatte Afrika und
die Inseln erschöpft, um ungeheure Vorräthe an
Korn in Rom aufzuspeichern. Die alten Mauern
vermochten lange Widerstand zu leisten, und
ungern würde Constantin die Schrecken des

Krieges auf die ehrwürdige Stadt gehäuft
haben, zu deren Errettung er heranzog.

Aber auch Maxentius hatte hinlänglichen
Grund, die Feldschlacht zu suchen. Rom um-
schloß zu jener Zeit noch eine Bevölkerung von
wol einer Million Einwohner, welche unter sich
durch Politik und Religion in Parteien gespalten
waren. Schwer hielt es, diese bei der Nähe
eines feindlichen Heeres, bei der Aussicht auf
die Drangsale einer Belagerung in Zaum zu
halten, und da der römische Augustus über viele,
und was die Prätorianer betrifft, auch gute
Truppen gebot, so war es verständig, bevor
man sich einschließen ließ, eine Entscheidung im
freien Felde zu wagen. Für seine Person freilich
war der weichliche Tyrann erst durch den allgemeinen Hohn und durch die öffentlichen Verwünschungen, die man ihm im Circus zurief,
bestimmt worden, sich an die Spitze eines Unter-
nehmens zu stellen, welches Niemand so sehr
als ihn selbst anging.'

Maxentius rückte gegen Saxa Rubra, kaum
9 Meilen von Rom, vor. Diese positive Angabe
des Aurelius Victor ist wichtig.

Saxa Rubra war auf der flaminischen Straße die zweite Poststation von Rom. Sowol das Itinerarium Hierosolymitanum, als die Tabula Peutingeriana geben die Entfernung auf 9 Meilen an. Diese muß von dem voraurelianischen Thor, am Fuß des Capitolinischen Hügels gerechnet werden, und so kommt der neunte Meilenstein genau nach Prima Porta. Da die Itinerarien sich auf halbe und viertel Meilen nicht einlassen, so bleibt allerdings ein Spielraum von einigen hundert Schritten, um welche der Ort vor oder hinter jenem Meilenstein gelegen haben kann. Eben als Poststation aber ist es sehr wahrscheinlich, daß Saxa Rubra da lag, wo die Via Tiberina sich von der Flaminia abzweigt, das heißt an der Stelle selbst, wo die Häuser von Prima Porta stehen.

Dort nun, im Thale, konnte keine Aufstellung genommen werden. Daß Maxentius über die „rothen Steine" hinausgegangen wäre, stimmt weder mit der Angabe von kaum neun Meilen, noch mit dem Panegyriker, welcher erwähnt, daß der Kaiser sein Heer „in einer weiten Ebene" aufstellte. Vielmehr wäre sein

Schlachtfeld in jenem Fall durch die beiden
Thäler der Celsa und ihres Zuflusses mitten
durchschnitten gewesen. Wir dürfen daher wol
mit Recht annehmen, daß Maxentius diesseits
Saxa Rubra Halt machte und sich auf dem
freien und ebenen Hügelrücken zwischen Celsa
und Valca zur Schlacht ordnete. In dieser
Stellung hatte er den erstgenannten Bach vor
der Fronte. Sein rechter Flügel lehnte an den
hohen, felsigen Abhang zum Tiber, die linke
Flanke wurde durch das tiefeingeschnittene Thal
der oberen Valca gedeckt. War es eine Unbe-
quemlichkeit, diesen Bach im Rücken zu haben,
so erscheint dagegen die Bewegung im Inneren
der Stellung durch Nichts gehindert, während
das Angriffsterrain des Gegners ein durchschnit-
tenes und wenigstens für Reiterei schwieriges
genannt werden muß.

Wir können in dieser Aufstellung nicht die
Verblendung eines Rasenden oder Verzweifelten
erkennen, welcher sein Heer zwischen der Schlacht-
reihe des Feindes und der Unmöglichkeit des
Rückzuges einklemmte und die, welche keine
Hoffnung zum siegen hatten, am fliehen ver-

hinderte. So standen die Sachen keineswegs. Die Lobredner des Constantin selbst sagen, daß das Heer des Maxentius eine unabsehbare Fronte gezeigt habe, ohne daß deshalb die Linien dünn und schwach gewesen wären. Wenn sie andeuten, daß die Fußstapfen der äußersten Reihen vom Tiber, gleichsam als Vorbedeutung ihres Untergangs im Fluß, bespült wurden, so können wir dies nur auf den rechten Flügel, nicht etwa auf die hintersten Treffen beziehen; denn die milvische Brücke im Rücken des Heeres war fast eine deutsche Meile entfernt. Außer dieser war etwas weiter stromanfwärts von Maxentius noch eine Schiffbrücke geschlagen worden. Ob sie, wie Eusebius wissen will, mit einem kleinlichen Kunststück ausgestattet war, durch welches Constantin im Augenblick seines Untergangs versinken sollte, können wir ganz unbeachtet lassen. Aber die Behauptung der Panegyriker, daß der Rückzug nicht möglich gewesen sei, ist ganz und gar unbegründet. Er war auf keine Weise an die genannten Brücken gebunden, denn die gerade Richtung führte am rechten Tiberufer entlang bis nach Rom selbst, wo, zwei deutsche Meilen vom Schlachtfeld entfernt, sechs Brücken über den Strom in die Stadt führten.

Was nun den Gang des Gefechts selbst betrifft, so haben wir darüber leider gar keine Nachricht. Die gallische Reiterei mußte große Schwierigkeit finden, die Celsa Angesichts des Feindes zu überschreiten, und es scheint, daß die Numidier und Mauren nur schwachen Widerstand geleistet haben. Die Prätorianer hingegen, welche von Constantin keine Verzeihung zu hoffen hatten, bedeckten mit ihren Leichen den Platz, den sie fechtend inne gehabt hatten.

Obwol nun auch nach verlorener Schlacht dem Maxentius der Rückweg nach Rom auf dem rechten Tiberufer offen stand, so scheint es doch, als ob er sich einer persönlichen Verfolgung dadurch zu entziehen suchte, daß er plötzlich sich links wendete, um eine der Brücken, die von ihm erbaute, oder die milvische zu überschreiten. Nach dem Panegyrikus VIII. 13 möchte man glauben, daß er durch den Tiber schwamm und daß sein Pferd an dem jenseitigen, hier überall sechs bis acht Fuß hohen und steilen Lehmufer zurückglitt. Nach anderen Angaben war der

Kaiser von der Brücke durch die fliehende Menge hinabgedrängt. Seine Rüstung hinderte ihn, sich aus dem Schlamm des Tiber emporzuarbeiten. So ward er am folgenden Morgen aufgefunden und sein Kopf den Augen des Volks ausgestellt, welches bis dahin seine Freude laut werden zu lassen nicht gewagt hatte.

Raphael's Pinsel hat die denkwürdige Begebenheit in der Sala di Constantino im Vatican verewigt; indeß ist hier nur für die Kunst, nicht für die Geschichte zu lernen. Das Bild mag vielleicht zu der Annahme beigetragen haben, daß die Schlacht an der milvischen Brücke stattfand, von welcher das wirkliche Schlachtfeld eine deutsche Meile weit entfernt war.

Dem aufmerkſamen Leſer der Moltke'ſchen
„Wanderungen um Rom" wird die Er-
wähnung ſeiner plötzlichen Abreiſe nach Berlin
im Sommer 1846 und dann, nach kurzem
Aufenthalte während des Septembermonats, der
vollſtändige Abbruch des römiſchen Aufenthaltes
nicht unbemerkt geblieben ſein. Es iſt dort bereits darauf hingewieſen worden, daß der Tod
des Prinzen Heinrich von Preußen zur erſten
Abreiſe den Anlaß gab. Der Befehl König
Friedrich Wilhelm's III. lautete dahin, der Major
von Moltke ſolle die Ueberführung der Leiche

des Königlichen Prinzen zur preußischen Hauptstadt leiten. In den hier folgenden, bisher
unveröffentlichten Reisenotizen Moltke's erhalten
wir von Neuem einen Beweis seiner staunens-
werthen Fähigkeit, jeden Augenblick des Lebens
voll zu verwerthen, der Virtuosität, welche der
vielgepriesene Mann im raschen Erfassen aller
Eigenthümlichkeit von Land und Leuten sich an-
geeignet hatte. Während das Schiff die prinz-
liche Leiche durch die Pforten des Herakles und
um Europa herumführte, benutzte er die kurze
Spanne Zeit zu einem fliegenden, aber, wie sein
Tagebuch beweist, keineswegs flüchtigen Besuche
Spaniens. Was mag er gestöhnt, wie ungeduldig
mag er geseufzt haben, als er pünktlich in Ham-
burg zum Empfang des Leichengeleites ein-
getroffen, Tage und Wochen vergebens der Ankunft des Schiffes harren mußte. Doch auch
diese erzwungene Muße, die Ungeduld selbst hat
gute Frucht getragen. Wir verdanken ihr die
folgenden Blätter.

Tagebuchblätter aus Spanien.

October 1846.

Als wir an einem sonnigen Abend vorigen Monats in Civita Vecchia an Bord der Corvette Amazone gingen, sah das Meer so lächelnd aus, als wollte es zu einer Spazierfahrt einladen, und nachher führte es sich so abscheulich auf. Sechzehn Tage brauchten wir, um bei contrairem Winde nach Gibraltar zu gelangen. Am schlimmsten war es, wenn nach Sturm Windstille eintrat. Die See geht dann hoch, und das Schiff, welches in den Segeln keinen Stützpunkt mehr findet, taumelt wie betrunken, man denkt, die Maste müßten abbrechen. Endlich tauchte der Fels des Tarif aus der Fluth empor, ein prächtiger Anblick. Die 1400 Fuß hohe schroffe Masse hängt nur durch eine ganz flache Sandzunge mit dem europäischen Continent zusammen und erscheint daher als ein mächtiger, isolirter Gebirgskegel. Ihm gegenüber erhebt sich ähnlich auf afrikanischem Boden die andere Herkulessäule, der Affenberg bei Centa. Lange kämpften wir gegen die gewaltige Strömung, welche hier stetig in das Mittelmeer fließt. Endlich warfen wir Anker, und die Festung grüßte mit einem königlichen Salut unsere Trauerflagge. Der erste Schritt an's Land führt in eine neue Welt, ein wunderbares Gemisch von Spanisch und Englisch. Die Pracht und Ueppigkeit eines südlichen Himmels und die Energie und Betriebsamkeit des Nordens sind hier vereint. Wie Riesen standen die rothröckigen unbehosten Hochländer zwischen den kleinen braunen Spaniern mit ihren übergeworfenen Mänteln und den schmächtigen Arabern, welche vielfach herüber kommen in das schöne Land, welches ihnen 700 Jahre gehörte. Da lagen in ungeheurer Fülle die Trauben, die Orangen, Datteln und Oliven

aus Mallaga, Valencia und Granada, neben
Kartoffeln und Käsen aus England, die Hummer,
fliegenden Fische und Delphine aus dem atlan-
tischen neben dem gedörrten Stockfische aus dem
Eismeer. Ueber die flachen Dächer, die Balcone
und die Gärtchen mit Granaten und Palmen
ragen in drei Etagen die Gallerien, welche eine
englische Meile weit in die Kalkmasse des Felsens
eingesprengt sind, mit ihren Feuerschlünden aus
den schottischen Gießereien. Ueber das Ge-
wimmel kleiner Fahrzeuge und zahlreicher Dampf-
böte erheben sich drei stolze Linienschiffe mit der
Flagge Britanniens. Neben ihnen sah unsere
„Amazone" aus wie ein zierliches Kind. Gibraltar
ist in beständiger Zunahme, aber seine eiserne
Rüstung erlaubt ihm nur, in die Höhe zu wachsen.
Die Grundstücke und Miethen sind unglaublich
theuer. Ein Kalkfels und eine Sandscholle
bringen natürlich nichts hervor und ursprünglich
hausten dort nur Rebhühner und Affen. Alles,
was Menschen bedürfen, muß zur See heran-
gebracht werden, selbst das Trinkwasser, und das
ist der größte Mangel dieser sonst uneinnehm-
baren Festung. Auf der Landzunge stehen nur

2000 Schritt entfernt die spanischen Posten mit geladenen Gewehren, nicht gegen einen Angriff, sondern gegen den Schmuggelhandel gerüstet, welcher hier im großen Stile betrieben wird.

Ich hatte mich entschlossen, den Rest der Reise zu Lande zu machen, aber freilich wurde es nun eine Courier-Reise, welche wenig Zeit zum Genuß und zur Umschau ließ. Eine Erlaubniß des Gouverneurs eröffnete mir den Zutritt zu allen Festungswerken, zum maurischen Schloß, zum O·Hares-Churm und zum Telegraphen auf der höchsten Spitze des Bergs. Von dort, wo der Fels gegen Osten 1000 Fuß senkrecht abstürzt, blickt man weit über die spanische Küste die 10,000 Fuß hohen Schneegipfel der Sierra Nevada und auf die dunkelblaue Fluth. Jenseit der Meerenge leuchten die afrikanischen Berge von Tanger und Ceuta hervor, und gegen Westen entfaltet sich die weite Bucht von Algesiras. Wie auf der Landkarte übersieht man die Stadt, die Festungswerke und das herrliche Becken des Meeres. Ich suchte mir ein Bild einzuprägen, welches ich in gleichem Reichthum nicht leicht wieder sehen werde.

Noch beleuchtete die untergehende Sonne prachtvoll den Hafen und die an dem Berge emporsteigende Stadt, als ich mich an Bord des englischen Dampfers „the Queen" einschiffte, und kräftig arbeitete dieser gegen die Strömung an. Der Vollmond stieg aus dem Mittelmeer empor und zeigte die hohen Berge zweier Welttheile in hellem Schein. Die Luft war mild und labend und das Wasser sprühte lichte Funken unter den Schlägen der Räder. Bald fuhren wir an dem Leuchtthurm von Tarifa bei Trafalgar vorüber in's atlantische Meer, welches diesmal glatt wie ein Spiegel dalag. Wie müde ich auch von den vorhergegangenen Anstrengungen war, konnte ich mich doch spät erst entschließen, mich niederzulegen, und war vor Sonnenaufgang schon wieder auf Deck, um das Einlaufen in den Hafen von Cadix zu sehen.

Cadix ist ein „Gibraltar", ohne den Fels, sehr hübsch gebaut, mit zwar engen, aber reinlichen Straßen, schönen, mit Bäumen bepflanzten Plätzen, wenig Kirchen, aber vielen Spuren früheren Reichthums aus der Zeit, wo die Sonne in der Monarchie nicht unterging und Indien seine Gold- und Silberflotten hierher schickte. Jetzt ist Cadix eben so sehr im Sinken, wie Gibraltar im Aufschwung begriffen. Du wirst Dich wundern, daß ich, um meine Landreise zu beschreiben, Dich sofort wieder auf ein anderes Dampfschiff, den „Theodorich" führe, welches noch denselben Vormittag bis St. Lucar das atlantische Meer durchschnitt und dann mit unglaublicher Schnelligkeit, unterstützt von der Fluth, den Guadalquivir hinauflief. Bis Sevilla bilden beide Ufer eine, nur in großer Ferne von Bergen eingeschlossene Niederung, welche ganz flach und den Ueberschwemmungen ausgesetzt, nur von Schaf- und Rinderheerden bewohnt wird. Dort zieht man die wilden Stiere, welche zu Stiergefechten gebraucht werden. Gegen Abend erst änderte sich diese einförmige Landschaft. Die Höhen traten dem Stromufer näher. Olivenwaldungen und Orangenhaine bedecken die Abdachung und zwischen diesen erhebt sich endlich die prachtvolle Kathedrale, überragt von der Chiralda, dem berühmten von den Arabern erbauten Thurm. Sevilla ist noch heute, nach 300 Jahren seit Vertreibung der Saracenen, eine vollkommen maurische Stadt. Die Einrichtung und Anordnung der Wohnungen ist ganz orientalisch, nur verschönert und veredelt durch Kunstsinn und den Reichthum, über welchen die Moslem in Spanien und Sicilien geboten. Merkwürdig genug ist es, daß die Araber, welche in ihrer Heimath überall auf der unteren Stufe eines Wander- und Hirtenvolkes stehen geblieben sind, auf europäischem Boden die Träger der Gesittung und der Wissenschaften wurden. Dichtkunst, Geschichtschreibung, Mathematik und Baukunst blühten bei ihnen, während das christliche Abendland noch in Barbarei versunken war. Es gibt keine schönere Poesie, als die Klagelieder um das verlorene Paradies von Granada. Dem christlichen Ritterthum gegenüber zeigten die Araber eine nicht minder romantische Tapferkeit und Großmuth, welche jenen oft zum Muster diente. Betriebsam und weniger unduldsam als ihre Gegner, schufen sie ein Paradies aus dem südlichen Spanien durch umfassende Bewässerungssysteme, deren man noch heute wie am Fuße der armenischen Hochlande und in Syrien, auch in den Königreichen Valencia

und Granada begegnet. Durch den Vertilgungs-
kampf, die Ausrottung und Vertreibung von
Millionen dieser fleißigen Menschen, hat das
katholische Spanien sich eine Wunde geschlagen,
die es kaum je verwinden wird, denn weite
Strecken dieser schönen Länder sind heute eine
menschenarme Einöde. Was von den Saracenen
übrig blieb, ließ sich taufen, aber durch Gene-
rationen riefen sie in ihren zu Kirchen um-
gewandelten Moscheen Allah und den Propheten
an und bewahrten ihre alten Sitten und Ge-
bräuche. Man sagt, daß die Saracenen, als sie
nach hartnäckigem Widerstand auch den letzten
Fuß breit Landes verloren, als der Thurm
O-Hares auf dem letzten Gipfel des Felsens
von Gibraltar ihnen entrissen wurde, die Schlüssel
zu ihren Häusern mitnahmen und an ihre Kinder
vererbten, nicht zweifelnd, daß Alla Ekber, der
Gerechte, ihnen die Wiederkehr vorbehalten habe.
Noch jetzt sieht man Hunderte dieser braunen
Gestalten in ihren weißen Mänteln durch die
Straßen von Sevilla wandern, für welches sie
eine unvertilgbare Vorliebe behalten zu haben
scheinen.

Bekanntlich bildeten die Saracenen einen ihnen eigenthümlichen Baustil aus. Sie fanden den römischen Rundbogen in den gewaltigen Wasserleitungen, Brücken und Ehrenpforten vor, welche Trajan und andere Imperatoren auf der iberischen Halbinsel durch die Legionen hatten errichten lassen. Theodorich und seine Gothen brachten den deutschen Spitzbogen und die Saracenen bildeten Beides in die Hufeisenform um. Getragen wurde dieser Bogen durch die dünnen, meist gekuppelten Säulchen und die schweren Würfelknäufe der byzantinischen Architektur. Die schönen Fensterrosen, welche gewöhnlich über den Hauptportalen der christlichen Kathedralen des 12. Jahrhunderts vorkommen, sind saracenischen Ursprungs. In den oberen Theilen ihrer Gebäude huldigten die Araber, wie die Italiener und im Gegensatz zur deutschen Baukunst, den horizontalen Linien, ihre Dächer waren flach und die wagerechte Eindeckung der Wohnräume gab ihnen Gelegenheit, ihren Reichthum an Desseins, den sogenannten Arabesken, zu entfalten. Charakteristisch ist überhaupt die in's Einzelne gehende Ausschmückung jedes besondern Theils. Die saracenischen Bauten sind selten groß, selbst ihre Alcasar oder Schlösser sind von Außen unansehnlich, und nur durch die Höfe und Gärten, die sie umschließen, ausgedehnt. Die Häuser zeigen zwar hier nicht, wie im Orient, fensterlose Mauern, aber die weiß angetünchten Wände sind schmucklos und von wenig Oeffnungen durchbrochen. Alle Pracht ist dem Innern zugewandt, und man erstaunt über die sorgsame Ausführung des Schmuckes bis in's Kleinste. Unter diesem schönen Himmel haben sich nicht nur alle die buntverglasten Ziegel, das in Marmor gearbeitete Blätterwerk der Capitäler, sondern auch die im Stuck ausgeführten Arabesken der Wände und Decken unversehrt erhalten. Die geschmackvollsten Zeichnungen in erhabener Arbeit lassen die Hauptlinien deutlich hervortreten, während die Zwischenräume mit Blumen, Blätterwerk, Verschlingungen, Linien und Punkte bis in's Allerkleinste ausgefüllt sind, so daß man es Brüsseler Spitzen in Mauerwerk nennen könnte. Prächtig passen in diesen Umgebungen die arabischen Schriftzüge, Sprüche aus dem Koran mit erhabenen oder vergoldeten

Buchstaben auf tiefblauem Grund. Sie sind der Architektur innig verwebt, daß selbst spanische Intoleranz sie verschont hat, und mit Erstaunen sah ich, über den Altären der Kathedrale von Cordova, die Verse des Kameeltreibers von Mekka.

Aus Italien kommend, glaubte ich den Alcasar in Sevilla als Ruine zu finden, vor jeder noch halb erhaltenen Merkwürdigkeit einen Bretterverschlag, den ein hungriger Cicerone öffnet und Bettlerscharen, welche Dir nicht erlauben, Dich dessen einen Augenblick zu freuen, was Du siehst. Nichts von alle Dem. Durch ein offenes Thor trat ich in den schmucklosen Hof. Nur die Mitte der Hinterwand ist von drei Thoren, darüber drei Fenstern mit zierlichen Balconen und Säulenstellungen von überraschender Schönheit durchbrochen. Eine reichgeschnitzte Treppe führt in eine Reihe von Zimmern mit getäfelten Böden, vergoldeten Decken und durch Arabesken verzierten Wänden, alles klein, aber unbeschreiblich wohnlich und nett. Und doch sind diese Räume vor 300 Jahren zuletzt bewohnt gewesen, als der Sohn Kaiser Maximilians Philipp I.

die wahnsinnige Juana heirathete. Aus dieser
Zeit stammt die sehr kleine Hauscapelle, und
damals wurde auch der Churm und der Löwe
von Castilien und Leon, an vielen Stellen in
die Arabesken eingefügt. Karl V., der froftiger
Natur war, ließ Kamine in einigen Zimmern
anbringen, sonst ist das Schloß der Abenceragen
geblieben, wie es war, nichts ist absichtlich zerstört,
nichts fürsorglich geschützt. Keinem Menschen
begegnete ich, alles stand offen, Niemand weder
half mir, noch störte mich, alle diese Räume zu
durchwandern und zu bewundern. Köstlich ist
der Blick, von den zierlichen Balcons auf den
von Mauern umschlossenen Garten mit Caxus-
hecken und Muschelgängen, Springbrunnen und
Kiosquen, unter Rosen, Myrthen, Granaten,
Lorber und breitblättrigen Palmen. Den eigentlichen Mittelpunkt des ganzen Alcasar bildet
ein zweistöckiges Gebäude. Es umschließt einen
viereckigen Raum, in den unten alle Chüren,
oben alle Fenster münden. Dieser Raum würde
ein Hof sein, aber ein drittes Stockwerk mit
Fenstern und prachtvollem Plafond macht ihn
zu einer durch drei Etagen reichenden Halle,

welche nach allen Seiten mit den Zimmern communicirt und sein Licht von oben erhält. Der marmorne Fußboden, die schlanken Säulen und Spitzbogen des unteren Geschosses, die vergoldeten Balcons des oberen, die Pracht der Decke und der Reichthum und die Harmonie der ganzen Ausschmückung dieser Halle würde ich vergebens zu beschreiben versuchen. Ebenso eigenthümlich sind auch die Privatwohnungen, sie entsprechen der socialen Lage des Orientalen. Unter despotischer Regierung und vielfachen Bedrückungen im äußeren Leben preis gegeben, suchte jeder sich eine Häuslichkeit zu bilden, in der er Ersatz fand. Dort herrschte er, dort fand er Sicherheit, Freude und Ueberfluß, aber nur im Verborgenen durfte er glücklich sein. Wie noch heute der reiche Armenier, wenn er zu einem Machthaber geht, unter einem schlechten Kaftan die reichen Seidenstoffe und Pelze verbirgt, so umschließen äußerlich kahle Mauern in ihrem Innern ein kleines Eden. Durch starke, mit Eisen beschlagene Thorflügel tritt man zu Sevilla in einen ziemlich einfachen Vorhof. Dies ist das Bab der Perser, das Kapu der

Türken, die Pforte, welche im Orient und schon bei unseren biblischen Erzvätern eine so große Rolle spielt, wo die Geschäfte verhandelt, Streitigkeiten geschlichtet und Recht gesprochen wurde. Die christlichen Bewohner haben in jedem dieser Vorhöfe ein Marienbild aufgestellt, vor welchem Abends zahlreiche Kerzen angezündet werden, die einen freundlichen Anblick gewähren. Aus dem Vorhof und durch ein stets geschlossenes sehr reiches Gitterthor, meist einige Stufen hinabsteigend, tritt man in den innern Hof. Rings um denselben läuft eine offene Halle, deren Bögen durch schlanke, oft gekuppelte Säulen getragen werden. In der Mitte des Hofes plätschert ein Springbrunnen, oft in schönen Marmorbecken, mit Goldfischen und Forellen, überschattet von einem kleinen Hain von Orangen, Rosen, Granaten und Myrthen. Der übrige Raum ist mit Marmorplatten mussivisch ausgelegt und ein ausgespanntes Segeltuch oder wenigstens eine über ein Gatter gezogene Weinrebe verwandelt diesen Hof, selbst im hohen Sommer, in einen kühlen und reizenden Salon, in welchem Sopha, Stühle, Gemälde und Spiegel nicht fehlen. Der Fremde wird im Vorhofe abgefertigt und nur der Gaftfreund in's Innere gelaffen. Um fo zu wohnen, bedarf es freilich des ftets heiteren Himmels diefes Landes. — Noch muß ich der Giralda erwähnen, des fchönften Thurms der Welt. Er ift viereckig, ich glaube 300 Fuß hoch und war urfprünglich oben flach und zu aftronomifchen Beobachtungen eingerichtet. Jede Seite ift von oben herab in drei Felder getheilt, von denen die äußere fchlicht und nur durch bunt verglafte Ziegel belebt find, das mittlere aber mit Thüren, Fenftern, Balcons und Säulen von ungemeiner Schönheit durchbrochen werden. Wie beim Marcusthurm in Venedig erfteigt man auch diefen ohne Stufen, man gelangt auf geneigter Ebene gemüthlich innerhalb der dicken Mauern bis auf die Plattform. Der Marcusthurm fcheint mir überhaupt eine Nachbildung der Giralda, ift noch riefenhafter, aber lange nicht fo fchön. Der Blick über Venedig, die Lagunen, das adriatifche Meer und die Alpen ift freilich viel reicher, als der über Sevilla und die weite Ebene, welche es umgibt. Die chriftlichen

Könige stellten auf diese Giralda noch eine vielfach durchbrochene Pyramide, wol von 100 Fuß
Höhe und hingen Glocken hinein, wo bisher
die Stimme des Muzzin die Gläubigen zum
Gebet rief. Auf die oberste Spitze stellten sie
eine vergoldete Figur als Wetterfahne und
wählten dazu seltsamer Weise eine Allegorie,
welche den Glauben darstellt, der doch nicht so
veränderlich sein sollte. Diese gab dem Churm
den Namen.

Weltberühmt ist noch die Kathedrale von
Sevilla. Früher stand unweit der Giralda eine
prachtvolle Moschee. Man riß sie ein, und die
Erzbischöfe von Sevilla, zu deren Sprengel
Indien gehörte, erbauten den gewaltigen Dom
mit den Schätzen der neuen Welt. Er bildet
eine Basilica mit fünf Schiffen, von denen das
mittlere höhere von oben erleuchtet wird. Es
ist aber doch gewaltig finster und der innere
Raum durch Capellen, Altäre und Denkmäler
verengt. Das Ganze hat keinen besondern Eindruck auf mich gemacht. Merkwürdig schien
mir, daß im Innern das deutsche Spitzbogen-
system vollständig durchgeführt ist, während das

Aeußere dagegen die horizontalen Linien der
Italiener zeigt. Ein Ueberbleibsel der Moschee
ist vielleicht der schöne Vorhof mit Säulen-
gängen, Springbrunnen und Orangenbäumen.
Ausgezeichnet schön sind die bethürmten Mauern
von Sevilla und ihre Thore. Doch ich sehe,
daß ich aus dem Erzählen in's Beschreiben ver-
fallen bin. Aber Sevilla ist so schön und so
ganz anders, als Alles, was ich bisher gesehen,
daß ich's nicht kürzer abmachen konnte. Die
Spanier sagen: Che non ha vista Sevilla,
non ha vista nada (wer Sevilla nicht gesehen,
hat nichts gesehen). Für mich galt es in möglichster
Schnelle Spanien zu durchreisen, Spanien, wo
es noch bis vor wenig Jahren weder Straßen
noch Wagen gab, sondern der Aricro (Maul-
thiertreiber) der einzige Beförderer war. Da ich
mein Reisegeld in Golde bei mir trug, waren
die Nachrichten von der Unsicherheit der Straßen
nicht erfreulich, dazu sollte eben die vielbe-
sprochene Hochzeit der Königin vor sich gehen,
und in Gibraltar versicherte man, daß wir
genau zum Ausbruch einer Revolution nach
Madrid kämen. Preußen hat dort zur Zeit

weder einen Gesandten, noch Consuln, um seinen Unterthanen diplomatischen Schutz zu gewähren. Ich war sehr glücklich, sogleich einen Platz in der am folgenden Tage abgehenden neueingerichteten Diligence zu bekommen, auf welche einige der übrigen Reisenden in Sevilla acht Tage hatten warten müssen. So ging es denn im lustigen Trab aus Sevilla heraus. Die Diligence hatte eine Besetzung von zwanzig Passagieren und ruhte in Betracht der heillosen Wege auf Rädern, wie die eines vierundzwanzigpfündigen Geschützes. Zwölf Maulthiere waren in langer Reihe vor einander gespannt, und an der Spitze ritt der Chico, ein Junge, der, beiläufig gesagt, achtzehn Stunden im Sattel blieb. Der Majoral führte die Leine der Stangpferde, und der Besitzer der Thiere, welche alle drei Meilen gewechselt werden, lief, obgleich bergauf galoppirt, bergab getrabt wird, nebenher. Diese Menschen sind von Eisen, denn dabei unterhielt er sich fortwährend mit seinen Maulthieren, jedes bei seinem Namen nennend. Generala Generala, o Pelegrina, Capitano arri arri (vorwärts) und dabei der beständige nicht zu übersetzende Fluch carracho. Wie in Frankreich, liegt das ganze Gepäck oben auf dem Wagen. Die Gefahr des Umwerfens war daher nicht gering bei Stößen, daß man mit dem Kopfe gegen die Decke fuhr. Aber es ging gut vorwärts und wir machten in vierundzwanzig Stunden dreißig spanische Legues oder etwas mehr als fünfundzwanzig Meilen.

Ich habe mir immer eingebildet, Andalusien sei eine Art Paradies, statt dessen fand ich ein recht ödes Gelände; anfangs sieht man noch einige Orangenhaine, Palmen und schöne Ruinen von maurischen Castellen, bald aber empfindet man den gänzlichen Mangel an Wald und Wasser, Menschen und Arbeit. Der Guadalquivir, der hier nicht mehr von der Meeresfluth erreicht wird, ist zu einem ziemlich unbedeutenden Bach zusammengeschrumpft. Die meisten Felder sind von zwei Fuß hohen Fächerpalmen bedeckt und mit gewaltigen Aloehecken umzäunet, deren mannsdicke, dreißig Fuß hohe Blüthenstengel zu Brennmaterial gefällt werden. An anderen Stellen bildet der Cactus mit seinen rothen Feigen einen undurchdringlichen Zaun. Die Ab-

hänge der Hügel sind mit Olivenbäumen bepflanzt. Aber diese geraden Linien von hohlen
Stämmen mit grauen Blättern, ähnlich wie
unsere Weiden, ermüden das Auge. Der Boden
ist von der höchsten Fruchtbarkeit, aber nur der
geringste Theil für Mais- und Baumwollen-
cultur bearbeitet; dabei verursachen achtund-
vierzig Maulthierhufe einen Staub, von dem
man sich keinen Begriff machen kann. Ich
war um zehn Uhr Vormittags mit einer Casse
Chokolade ausgefahren und das erste Diner
wurde uns um ein Uhr in der Nacht servirt.
Bis dahin war nichts zu haben. Selbst Cordova
mit dem volltönenden Namen wäre eine ziemlich
unbedeutende Stadt und würde wenig Aufmerksamkeit verdienen, hätte sie nicht die schöne alte
Brücke über den Guadalquivir und die Marquiba.
Von der erstern hat man gesagt, daß ihr nichts
fehle, als der Fluß. Die letztere ist eine der
größten je erbauten Moscheen. Ein wahrer Wald
von 400 Säulen trägt eben so viele Kuppeln.
Diese Säulen sind, wie die byzantinischen, von
geringer Höhe, mit schweren Würfelcapitälern,
und stehen nur fünfundzwanzig Fuß entfernt.

Die Gewölbbogen ruhen unmittelbar auf den Capitälern, und man hat deren zwei über einander gestellt, um nur einige Höhe heraus zu bringen. Das Ganze sieht aber einer Börse oder Markthalle ähnlicher, als einer Kirche. Von außen zeigen sich nur die vier kahlen Wände. Mit diesem seltsamen, höchst eigenthümlichen Bauwerk scheinen die christlichen Besitznehmer in Verlegenheit gewesen zu sein, was zu machen. Sie ließen glücklicherweise alles, wie es war, nur daß sie die Mitte des Gebäudes durchbrachen und über den Hauptaltar ein hohes Chor wölbten. Was stehen geblieben ist, zeigt einen reichen Schmuck von Mosaik und überall findet man, wie schon gesagt, arabische Schriftzüge, so z. B. in der Capelle des Conquistadores, des Cortes und seiner Gefährten. Sehr schön ist der Vorhof der Moschee mit prächtigen Orangenbäumen. In Cordova aßen wir in einem, auf maurische Art eingerichteten Hause um neun Uhr Morgens vorsorglich schon zu Mittag. Die Mahlzeiten bestehen in Spanien in einer Menge von Fleischspeisen, namentlich Rebhühnern, die in unendlicher Menge vorhanden sind, und sehr schlechtem Wein. Am folgenden Nachmittag erreichten wir la Carollna. Zum allgemeinen Erstaunen sahen wir die wohlerhaltene Landstraße von Bäumen eingefaßt. Weingärten und Obstbäume umgeben die in geraden Straßen erbauten Häuser, und ein Blumengärtchen umgibt jede Wohnung. Es war, als wenn man plötzlich in ein ganz anderes Land versetzt wäre, denn die Menschen hatten blondes Haar und das treue, viereckige deutsche Gesicht. Es ist dies eine Colonie von Schwaben, welche unter Carl III. von dem besten spanischen Minister Olivarez im vorigen Jahrhundert zur Bevölkerung der Sierra Morena hier angesiedelt wurde; aber kein Einziger verstand ein Wort Deutsch mehr, denn unsere Landsleute sind überall, wo sie hinkommen, die besten Ansiedler, die ruhigsten Unterthanen, die fleißigsten Arbeiter, aber sie hören auf Deutsche zu sein. Sie sind Franzosen im Elsaß, Russen in Curland, Amerikaner am Mississippi und Spanier in der Sierra Morena. Ja sie schämen sich ihres zerrissenen, ohnmächtigen Vaterlandes. So heiß, wie es in Andalusien gewesen, so kalt fanden wir es, als

wir durch den schauerlichen Engpaß von Val
dl Penas auf das castilische Plateau hinauf-
stiegen. Dieses ganze Land ist ein einziges
Ackerfeld, durchweg bebaut, aber ohne Baum
oder Strauch, ohne Hecken und Gräben, ohne
Bäche, Wiesen oder Gärten. Nur wenige Dörfer
und unbedeutende Städte findet man auf meilen-
weiter Entfernung. Die Bewohner haben Tage-
reisen bis auf ihre Felder; man begreift nicht,
wie sie die Arbeit zwingen, sie müssen in der
Ernte und Saatzeit auf dem Felde bivouakiren.
Es ist eine für das Auge trostlos ermüdende
Fläche, durch welche die Straße führt. Dies ist
denn auch wol der Grund, warum man Aranjuez
so schön gepriesen hat, in jedem anderen Lande
würde man wenig Aufhebens davon machen.
Der Tajo fällt hier über eine Wehr und bildet
einen recht hübschen Wasserfall. Seine Ufer und
die Niederung zwischen den kahlen Kalkbergen
sind mit Ulmen und Linden bepflanzt, welche
jedoch nicht sonderlich gedeihen. Das Schloß
Philipps II. ist ein im holländischen Stil auf-
geführtes Gebäude aus rothen Ziegeln mit
spitzem Schieferdach.

Am Abend des dritten Tages, nachdem wir
Sevilla verlaffen, fuhren wir über den Manzanares, der faft ohne Waffer war. Jenfeits erhebt fich der Hügel, auf welchen Madrid erbaut
ift. Bald erreichten wir den Prado, die fchöne
Promenade mit vierfacher Baumreihe. Sie war
durch viele Taufende farbiger Lampen erleuchtet;
die Häufer zeigten, mit eben folchen Lampen er-
hellt, die architektonifchen Linien des faracenifchen
Stils. Aus allen Fenftern hingen Teppiche, oft
von Sammet mit Gold- und Silberfranfen be-
fetzt. Auf hölzernen Eftraden wurden nationale
Tänze in fchönen Coftüms aufgeführt, und
Mufikbanden fpielten dazu die Weifen der
Seguidilla, des Bolero und Fandango. Eine
wogende Menfchenmenge füllte die Straßen, und
nie konnte man Madrid in einem fchöneren
Augenblick fehen. Es war nämlich der Ver-
mählungstag der jungen Königin und ihrer
Schwefter, der Infantin. Eine fchlimme Folge
diefer Feier für uns war freilich, daß wir in
keinem Wirthshaufe ein Unterkommen fanden.
Ich hielt mich jedoch an den Rockfchoß eines
jungen Franzofen, der fertig fpanifch fprach, und

so kam ich glücklich in einem Privathause unter, einer sogenannten casa di pupillos, wo der Besitzer für schweres Geld den Fremden sein Zimmer und Bett einräumt. Der folgende Tag wurde der Besichtigung der spanischen Hauptstadt gewidmet. Madrid trägt den Stempel einer neuen Stadt. Die Straßen sind reinlich, meist breit und gerade. Die weiß angetünchten Häuser haben zahlreiche Balcons, sind aber nicht sehr hoch. Die beiden schönsten Bauwerke sind: die Bildergallerie mit den köstlichsten Raphaels und Murillos, und das königliche Schloß. Letzteres ist gewiß eins der stattlichsten in der Welt. Es liegt auf einer Anhöhe am Manzanares und übersieht das Land bis zum Gebirge, aber ringsum ist alles kahl und sonnenverbrannt.

Ein großes Stiergefecht fand an diesem Tage statt. Um drei Uhr Nachmittags begaben wir — mein Franzose und ich — uns nach der kreisrunden Arena; 12,000 Menschen waren da versammelt, um die corrida di toros zu schauen. Wie in den antiken Theatern erheben sich etwa zwanzig steinerne Stufen, auf welchen man sitzt, und darüber noch zwei Reihen Logen, in der Mitte die der Königin. Der innere ganz freie Raum, der eigentliche Kampfplatz, ist von den Zuschauern durch eine ringförmige, sieben Fuß hohe Barriere von Balken und starken Planken getrennt. Ein kleiner Auftritt macht es möglich, sich über diese Wand zu schwingen, wenn dem Stier nicht anders auszuweichen ist. Nach einigem Harren öffnete sich eine Pforte und herein ritt der Aguazil, eine Obrigkeitsperson in alterthümlicher Tracht, welcher den Anfang des Spiels verkündigt; er wurde einmüthig ausgezischt, ausgelacht und ausgepfiffen; warum, weiß ich nicht, er mochte sein Schicksal wol schon im Voraus wissen und schien sich wenig daraus zu machen. Wie die Römer im Circus ihre Consuln verhöhnten und auf ihre Kaiser schimpften, so hat beim Stiergefecht auch das spanische Volk einige Zügellosigkeit frei. Jetzt traten die Chulos ein, zu Fuß mit bunten Mänteln über den Arm, ihnen folgten sechs Picadores zu Pferde. Diese waren in ledernem Wams, auf der rechten Seite mit Eisenschienen gesichert, den spanischen Hut auf dem Kopfe. Jeder trug eine starke Lanze mit nur einen halben Zoll langer eiserner Spitze und saß in einem hohen Bauschsattel, der sehr festen Sitz gewährt. An ihre Spitze trat unter lebhaften Beifallsrufen der Matador Namens Cuchiera, ein berühmter gefeierter Held der Arena. Diese Phalanx rückte gegen den königlichen Sitz vor, woselbst sich die Königin Christine und Munnos, Herzog von Rianzares, befand, ließ sich auf ein Knie nieder und gab den königlichen Gruß, wofür aus 12,000 Kehlen gezischt wurde. Jetzt trat die Hauptperson ein, ein gewaltiger schwarzer Stier, mit spitzigen Hörnern und flammenden Augen. Diese Bestie befindet sich in einem Zwinger, in dessen Decke Löcher angebracht sind, durch die man den Stier mit spitzen Stacheln sticht, so daß er schon bei ziemlich übler Laune ist, bevor er zum Gefecht schreitet. Sobald daher die Pforte des Kerkers sich öffnet, schießt er mitten in die Arena, sieht sich wild und verwundert um, scharrt den Sand mit den Füßen und stürzt dann auf den ihm zunächst stehenden Picador los. Dieser hält unbeweglich still und läßt das wüthende Thier gegen seine Lanzenspitze auflaufen. Dem Pferde ist das rechte

Auge verbunden, damit es den Stier nicht sieht und dadurch scheu wird. Der Anlauf war aber so gewaltig und der Reiter saß so fest im Sattel, daß Mann und Roß in die Höhe gehoben wurden und rücklings überschlugen. In demselben Augenblick saßen die spitzen Hörner dem Pferde im Leibe, so daß ein fingerdicker Blutstrahl aus dem Herzen floß. Der Picador lag unter dem Thier und sein Anzug hinderte ihn, irgendwie freizukommen. Es war um ihn geschehen, wenn nicht die Chulos mit ihren bunten Mänteln zu Hilfe kamen. Alsbald läßt der Stier von seiner Beute los und stürzt sich auf den Fußgänger oder vielmehr auf den bunten Lappen, er verfolgt den Träger durch die ganze Bahn, dieser schwingt sich gewandt über die Barriere, welche unter dem Stoß des Thieres erbebt. Wie verdutzt steht es da, nachdem sein Gegner verschwunden ist. Alsbald stellt sich ihm ein zweiter Picador dar, welcher dasselbe Schicksal wie sein Vorgänger hat. Ehe noch die Chulos zu Hilfe kommen können, versetzt der Stier dem Pferde einen neuen Stoß und trägt das an der Erde zappelnde Thier hoch auf den Hörnern durch die halbe Bahn. Dem dritten Pferde riß der Stier im Nu den ganzen Leib auf, so daß das unglückliche Thier in seine Gedärme trat, und in diesem Zustande wurde es durch Sporn und Schläge angetrieben, noch einen zweiten Kampf mit der wilden Bestie aufzunehmen. Natürlich erhält der Stier jedesmal einen furchtbaren Stoß von der spitzen Lanze in die linke Schulter und verweigert endlich den ferneren Angriff. Nun müssen die Banderilleros heran. Dies sind Fußgänger, welche in jeder Hand einen zwei Fuß langen Pfeil tragen. Die Spitze ist mit Widerhaken versehen und am unteren Ende sind Fähnchen, Rauschgold, Raketensalz und selbst kleine Vogelbauer befestigt, aus denen die Vögel, mit bunten Bändern geziert, entfliehen. Mit solchen Waffen gehen sie geradewegs auf den Stier los. In demselben Augenblick, wo dieser ausholt, springen sie seitwärts und stoßen ihm die Pfeile zwischen Ohren und Hörner in's Genick. Jetzt wird das Thier vollends rasend und toll, oft treibt es ganze Scharen flüchtender Banderilleros über die Barrieren, wobei sie laut verhöhnt werden. Einmal saß der Stier fast quer über der Barriere,

und es soll bisweilen vorkommen, daß er hinüber
gelangt. Einer der Chulos hatte die Keckheit,
den farbigen Mantel umzuhängen, so daß der
Angriff des Stiers nun direct auf ihn gerichtet
war. In dem Momente, wo jener den Kopf
senkt und geschlossenen Auges auf ihn zustürzt,
sprang er über ihn fort und kam neben ihn zu
stehen. Wenn nun endlich die Wuth des Thiers
am höchsten gestiegen, seine Kraft aber schon im
Schwinden ist, tritt der Matador ihm ganz allein
gegenüber. Jetzt entsteht die größte Stille und
Aufmerksamkeit, denn dies Beginnen ist bei
weitem das Gefährlichste. Der Matador, ein
schöner Mann in Schuhen, weißen Strümpfen,
hellblauer seidener Jacke, ein Netz über das
Haar geflochten, führt in der linken Hand ein
scharlachrothes Mäntelchen, in der rechten eine
wol vier Fuß lange vierschneidige Toledoklinge.
Diese muß dem Thier auf einer genau bestimmten
Stelle in den Nacken gestoßen werden, um es zu
tödten. Um aber den rechten Punkt zu treffen,
handelt es sich um zwei, höchstens drei Zoll
Entfernung, in welcher das Thier an den Menschen vorbeistoßen muß. Alles ist darauf berechnet,

daß der Stier eher nach dem rothen Tuch, als
nach dem Träger ausholt, und daß er den Stoß
blindlings geradeaus führt. Es kommen aber
Ausnahmen vor und dann ist der Matador verloren. Bedächtig und kaltblütig schreitet der
Caballero auf seinen schwarzen Gegner zu und
hält ihm das Tuch hin. Zweimal läßt er ihn
unter seinem Arm durchpassiren. Das dritte Mal
steckt die Klinge dem Thiere bis an's Heft im
Nacken. Noch wüthet dieses wol eine Minute
herum, dann aber fängt es an aus dem Munde
zu bluten, schwankt und stürzt zusammen. Eine
Art Henkersknecht schleicht dann von hinten
heran und stößt ihm ein Stilet in den Nacken,
worauf denn auch der Stier sogleich todt ist.
Jetzt treten fünf Maulthiere mit bunten Bändern und Schellen in die Bahn und schleifen
die gefallenen Pferde und zuletzt den Stier im
Galopp hinaus. Es wird etwas Sand auf die
Blutspur gestreut, und ein neuer Kämpfer kommt
an die Reihe. So wurden acht Stiere nach
einander zu Tode gehetzt. Zwanzig Pferde
blieben todt auf dem Platze, mehrere wurden
mit schrecklicher Verwundung hinausgeführt. Ein

einziger Stier tödtete acht Pferde. Menschen
kamen nicht zu Schaden. Es ist wahr, die
Pferde sind der Art, daß, wenn der Stier sie
heute nicht tödtet, so würden sie morgen zum
Schinder geschickt. .Gute Pferde würden theils
sehr kostbar, theils nicht dazu zu bringen sein,
selbst mit verbundenen Augen dem Anrennen
des Stiers Stand zu halten, ohne zu scheuen
oder ohne sich zu wehren. Je mehr Pferde der
Stier tödtet und je gefährlicher er den Menschen ist,
um so lauter wird ihm applaudirt. Ein Stier
wollte überhaupt nicht angreifen. Unter wüthen-
dem Schimpfen und Verwünschungen lief er
verzagt in der Bahn umher. Da rief Alles:
los perros, die Hunde. In die Bahn gebracht,
waren diese kaum noch zu halten und stürzten
wüthend auf den Stier, welcher sogleich einen
spießte und hoch in die Luft warf. Die übrigen
faßten ihn aber, einer unter Anderem biß sich
in seine Zunge fest und ließ sich hoch auf und
nieder schleudern. Man hätte ihn zerreißen
können, ehe er losgelassen. Vier Hunde hielten
zuletzt das große Thier so fest, daß es sich nicht
mehr befreien konnte und daß der Matador ihn

niederstieß. Mitten in dieser Schlächterei trat die junge Königin mit der Infantin, dem Don Franzesko, ihrem Gemahl und dem Herzog von Montpensier ein. Aumale war schon früher da. Die Königin sah heiter aus. Sie ist blond und ziemlich beleibt. Die Infantin ist klein, brennend schwarz und sehr mager. Die Königin wurde vom Matador ebenso wie ihre Mutter, vom Publicum aber mit großem Beifall begrüßt. Als der achte Stier geendet, fing es bereits an zu dunkeln, das ganze Publicum rief aber (un altro toro) nach einem neuen Stier, und so wurde der neunte fast im finstern gehetzt, was für den Matador äußerst gefährlich wird. Dies ist nun das Schauspiel, welches die Spanier über Alles lieben, an dem die zartesten Frauen Theil nehmen und dem die jungvermählte Infantin zulächelte. Was mich betrifft, habe ich an einem Stiergefecht vollkommen genug gehabt, und Du vielleicht an der Beschreibung.

Am 13. October fuhren wir mit der Diligence weiter, lange durch öde Gegenden, bis wir endlich die Engpässe der Somma Sierra erreichten. Bald darauf kam es vor, daß die

Spitzen-Pferde wegen des schrecklichen Wetters von der Straße ausbogen und den schweren Wagen in ein Feld zogen, wo er bis zur Achse einsank. Geschah dies einige Augenblicke früher, so wären wir in den Abgrund gestürzt. Es kostete viel Mühe, die verirrte Diligence wieder auf den rechten Weg zu bringen. Alle Passagiere mußten anfassen, um das Umwerfen zu verhindern. In den baskischen Provinzen nahm die Gegend einen ganz andern Charakter an. Hier, wo der Krieg so lange gewüthet, zeugt alles von Fleiß und Thätigkeit der Bewohner. Prächtig ist der Anblick der Schneegipfel der Pyrenäen. Die Straße ist im beständigen Steigen und Fallen, bald einem Flußlauf folgend, bald in ein anderes Stromgebiet übergehend. Die Dörfer sind zierlich gebaut und die Gegend erinnert sehr an die Schweiz. Grüne Wiesen, rauschende Bäche und Bäume erquicken das Auge. Viele Bauernhäuser tragen ungeheure in Stein gehauene Wappenschilder, zum Zeichen, daß ihre Besitzer Edelleute sind, z. B. alle in Murcia. Bergara und Vittoria sind schöne Städte. Prächtig liegt Fuenterrabia am baskischen Meere,

welches seine Brandung hoch über die Felsen-
riffe sprißte. In Irun endlich, an der Bidessoa,
erreichten wir die Grenze Frankreichs.

Was ich auf dieser flüchtigen Reise von
der spanischen Nation gesehen, hat mir den
günstigsten Eindruck hinterlassen. Nicht ein
einziges Mal bin ich angebettelt worden, dazu
ist selbst der Aermste zu stolz. Schweigend und
ernst steht er, den Mantel malerisch über die
Schulter geworfen, er verschmäht das französische
Kleid und bewahrt seine alte nationale Tracht, die
übrigens in allen Provinzen verschieden ist. Auch
der geringste Spanier erwartet mit einer gewissen Rücksicht behandelt zu werden, aber eine
freundlich dargebotene Cigarre nimmt er gern.
Als Allemanne ist man überhaupt besser aufgenommen, als jede andere Nation. Frankreich
hat dem Lande zu wehe gethan und mit Stolz
erinnert der Spanier sich der deutschen Herrscher,
welche glorreich Spaniens Scepter führten.

Ein Jahrzehnt später begleitete Graf, damals noch Freiherr von Moltke Se. Kgl. Hoheit den Prinzen Friedrich Wilhelm, jetzige Kaiserl. Hoheit, Kronprinzen von Preußen und des Deutschen Reiches, als deſſen perſönlicher Adjutant auf der Reiſe nach London und Paris. Der Prinz Friedrich Wilhelm hatte dem befreundeten Königshauſe von England, deſſen älteſte Tochter er nicht viel über zwei Jahre ſpäter als Gattin heimführen ſollte, ſeinen Beſuch abgeſtattet; die Rückreiſe ward über Frankreich gemacht und mit derſelben eine Viſite bei dem kaiſerlichen Hofe in Paris verbunden. Dieſen Aufenthalt ſchildern die nachfolgenden Briefe.

Briefe aus Paris.

11*

I.

Paris, Tuileries, Pavillon Marfan,
den 13. December 1856.

Versuchen wenigstens will ich's, ob ich Etwas von den so rasch folgenden Eindrücken fest-halten und wiedergeben kann.

Beim schönsten warmen Sonnenschein traf ich Mittwoch Nachmittag in Calais ein, wo der Divisions-General Graf Bois le Comte und der Präfect M. de Cauley die Ankunft des Prinzen aus London erwarteten. Graf Hatzfeld, General Schreckenstein und Major v. Barner waren schon Tags zuvor angekommen. In der finstern alten Stadt hatte man einen Gasthof für uns gemiethet, der zur Zeit Eduard's IV. ein Kloster gewesen sein mag, und in welchem ich denn auch meine Zelle angewiesen bekam. Nachdem die erforderlichen Höflichkeitsbesuche gemacht und erwidert, ging es Abends sechs Uhr zu einem Diner, welches mir um so besser mundete, wenn ich an den Zustand dachte, in dem die Reisenden sich eben auf dem Canal befinden mochten. Tags vorher war das Meer so unruhig gewesen, daß das Paquetboot nicht ausgelaufen war. Der submarine Telegraph meldete, „His Royal Highness left Dover at 8 o' clock". Zwei Bataillone paradirten auf dem Molo und „une escorte de cavalerie précédera l'équipage de son Altesse Royale le prince durant tout son séjour en France, à moins qu'elle ne donnera des ordres contraires". Letztere waren zur Zeit nicht gegeben, denn der Prinz wurde erst in Dover davon benachrichtigt, daß bereits in Calais großer Empfang seiner warte. Bald donnerten denn auch die Geschütze von den

Wällen, und der „Divid" rauschte durch die Dunkelheit langsam heran. Wir sprangen an Bord und ich freute mich, daß der hohe Herr durchaus nicht nach Seekrankheit aussah, und mit der einfachen und natürlichen Sicherheit und Leichtigkeit eines wirklich vornehmen Seigneurs den Militärs nicht nur, sondern auch dem clergé, den autorités municipales und Allem, was sich berufen fühlte, sich vorzustellen, etwas Angemessenes und Freundliches zu sagen wußte. Nach Mitternacht erst ging man auseinander. Am Donnerstag früh um sieben Uhr fuhren wir per train spécial nach Paris. Im Salonwagen befanden sich, außer den begleitenden Localbehörden, der Oberst Graf Coulongeon, Flügeladjutant des Kaisers, und Graf Riancourt écuyer, welche nebst dem Kammerherrn Laboyère zur Aufwartung beim Prinzen commandirt sind.

La belle France ist in der Picardie recht langweilig und wurde nur in Amiens durch ein sehr gutes Frühstück verschönert. (Du erinnerst Dich, daß wir dort auf der Rückreise von Boulogne Nachtquartier genommen und die

Kathedrale befuchten, wo „St. Martin divisa son manteau".)

Je weiter nach Paris, je mehr tritt der Kalkfels zu Tage. Man fährt in dem hübschen Chal der Oife. Zur Rechten erhebt sich auf einer steilen Felswand die schöne Kathedrale von Pontoise, dann erblickt man in der Ferne den Montmartre mit seinen Häusermassen und Windmühlen, den Mont Valérien und zur linken St. Denis mit der prächtigen gothischen Kirche, welche die Königsgräber umschließen sollte, wirklich aber nur ein Potpourri von Königsgebeinen enthält, da die Revolution die Asche von Ludwig dem Heiligen und Ludwig dem XIV. (der etwas spät heilig wurde) und Alles, was dazwischen liegt, zusammengeworfen hat. Durch die Enceinte fährt man dann in die prachtvolle gare du Nord. Hier empfing den Prinzen S. A. le prince Napoléon, der eine ganz unbeschreibliche Aehnlichkeit mit seinem großen Onkel hat. Ganz dies schwarze Haar, die bleiche Gesichtsfarbe und das Imperatorenprofil. Im Hofe des embarcadère paradirten zwei Bataillone, und gab es natürlich rothe

Teppiche, kaiserliche Hofequipagen und Escorte von guides à cheval. Die Livree ist grün mit Gold, die Geschirre sind reich und geschmackvoll, die Pferde außerordentlich schön und meist englische Zucht. Der Zug ging durch Faubourg St. Martin nach dem neuen, schönen Boulevard de Strasbourg, du Montmartre, Poissonière (an unserem Hotel Rougemont vorüber), über Boulevard des Italiens, Rue de la Paix, Rue Rivoli in die Tuileries. Beim Einfahren durch den Triumphbogen auf den Carrousselplatz gaben die Wachen kaiserliche Honneurs. Unten an der großen Haupttreppe empfing den Prinzen Seine Majestät der Kaiser und führte ihn unmittelbar zur Kaiserin. Da dies in dem gedruckten Programm vorgesehen und unterwegs gar keine Zeit war, Toilette zu wechseln, steckten wir alle schon seit sieben Stunden in gestickten Röcken und Ordensbändern. Auf diesem Zug, gerade in der Promenadenzeit, gab es Gelegenheit genug de voir et d'être vu.

Der Kaiser trug die Uniform der französischen Marschälle und den Cordon des schwarzen Adlerordens. Die Kaiserin war einfach und geschmackvoll gekleidet, dunkelgrün mit schwarz, im hohen Kleid. Es fanden gleich nach der ersten Begrüßung die Vorstellungen statt, aber sans phrase, dann geleitete der Kaiser den Prinzen aus dem Saal im mittleren Pavillon (de l'horloge) durch die lange Reihe von Prachtzimmern und Galerien bis in seine Wohnung im Erdgeschoß des Pavillon Marsan, Ecke der Rue Rivoli und des großen Platzes, welcher sich bis zum arc de triomphe ausdehnt. Wir fanden hier Herrn von Rosenberg, die beiden Prinzen Reuß, Major von Creslow, von Romberg, kurz die Preußen in Paris. Der Prinz machte bald darauf seinen Besuch beim oncle Jérome und Prinzen Napoléon im Palais Royal und später bei Prinzeß Mathilde (Demidoff). Der vormalige König von Westfalen, welcher trotz seines hohen Alters noch recht rüstig ist, machte fast unmittelbar darauf seinen Gegenbesuch, und auch Prinz Murat ließ sich anmelden.

Um sieben Uhr war Diner in der Galerie de la Diane für den Hof des Kaisers, Cambacérès, Rollin, Bassano, Bacciochi, Tascher,

Princeſſe d'Eßlingen ſind lauter Namen, die an
das premier empire erinnern. Die Hof-
damen waren Madame de Marnézia, welche ich
zu Tiſche führte, Madame Courmel, Wittwe des
tapferen Generals, der vor Sewaſtopol blieb,
Madame Labedoyère, die in Berlin ſehr gut
deutſch gelernt, und Madame Reinwald, alle
ſehr liebenswürdig und unterhaltend. Der Prinz,
welcher die Kaiſerin führte, ſaß zwiſchen dieſer
und dem Kaiſer, ich hatte meinen Platz gegenüber. Die bekannten Porträts des Kaiſers und
der Kaiſerin ſind zwar ähnlich, aber erſetzen
doch immer nicht die Anſchauung. Ich hatte
mir Louis Napoléon größer gedacht; er ſieht
zu Pferde ſehr gut aus, zu Fuß weniger. Eine
gewiſſe Unbeweglichkeit ſeiner Züge und der,
ich möchte faſt ſagen, 'erloſchene Blick ſeiner
Augen fiel mir auf. Ein freundliches, ja gut-
müthiges Lächeln herrſcht in ſeiner Phyſiognomie
vor, die wenig Napoleoniſches hat. Er ſitzt
meiſt, das Haupt leicht nach einer Seite geneigt,
ruhig da, und gerade dieſe Ruhe, die ihn bekanntlich auch in gefährlichen Kriſen nicht ver-
läßt, mag es wol ſein, welche den beweglichen

Franzosen imponirt. Daß seine Ruhe nicht Apathie, sondern das Ergebniß eines überlegenden Geistes und eines festen Willens ist, haben die Begebenheiten gezeigt. Im Salon trägt er eine imponirende Haltung nicht zur Schau, und im Gespräch wohnt ihm sogar eine gewisse Befangenheit bei. Er ist ein empereur, aber kein König.

Die Kaiserin Eugénie ist eine überraschende Erscheinung. Sie ist schön und elegant. Die Aehnlichkeit mit Frau von B. fiel mir auf, doch ist sie brünett. Hals und Arme sind von unübertrefflicher Schönheit, die Figur schlank, ihre Toilette ausgesucht, geschmackvoll und reich, ohne überladen zu sein. Sie trug ein weißes Atlaskleid von so beträchtlichem Umfang, daß die Damen künftig noch einige Ellen Seidenstoff mehr brauchen werden als bisher. Im Haar hatte die Kaiserin einen scharlachrothen Kopfputz und um den Hals eine doppelte Schnur prachtvoller Perlen. Sie spricht viel und lebhaft und zeigt dabei mehr Lebendigkeit, als man an so hoher Stelle gewohnt ist.

Wir speisten in der Galerie der Diana,

welche man in zwei Säle umgewandelt hat. Die Aufsätze der Tafel von mattem Silber sind sehr schön gearbeitet, die Küche vortrefflich, nicht allzuviele, aber ausgesuchte Sachen. Die Dienerschaft tritt mit den Schüsseln heran und nennt das Gericht. Dies ist ein bischen unbequem, man muß das Gespräch alle Augenblicke unterbrechen, um zu sagen, ob man einen turbot will oder ein merlan nicht will. Der Wein ist ausgesucht, Champagner bildet den eigentlichen Tischwein und wird während der ganzen Tafel eingeschenkt, nebenher Bordeaux, Sauterne, Rheinwein, schließlich Xeres und Malvasier.

Erst nach aufgehobener Tafel machten die Herrschaften Conversation mit uns Fremden. Die Kaiserin unterhielt sich mit Leichtigkeit sehr verbindlich und hat das Talent de vous mettre à votre aise. Sie allein setzte sich mit der Gräfin Hatzfeld; der Kaiser, der Prinz und folglich alle Uebrigen restaient debout bis um elf Uhr. Der Oberkammerherr sorgte dafür, daß die Herren einzeln vor den Stuhl ihrer Majestät herantraten. Das haben sich die englischen Herrschaften bequemer eingerichtet;

wenigſtens war ich froh, als endlich der Thee
ſervirt wurde und man ſich unmittelbar darauf
zurückzog.

Ich bewohnte eine ganze Suite von Zimmern im Pavillon Marſan nach der Rue Rivoli
hinaus, die früher der Prinz von Orléans
einnahm. Schwere, rothe Damaſttapeten und
Fenſtervorhänge, prachtvolle Wand-Candelaber,
Boule-Möbel, vergoldete Fauteuils, ungeheuer
große Spiegel, ſchöne Gemälde (von Poitevin),
das alles kannſt Du Dir denken, es iſt mehr
oder weniger in allen Schlöſſern daſſelbe. Aber
zum rechten Comfort, wie in meinem Thürmchen
zu Windſor, kommt man doch nicht. Es brennen
ein Dutzend Kuppellampen, aber wenn ich mir
Etwas holen will, ſo ſtecke ich noch die Wachs-
kerze an. Am wohnlichſten iſt noch die ſieben
Fuß tiefe Fenſterniſche, in welcher der Schreib-
tiſch ſteht, nur wird man dort wieder nicht
recht warm, obgleich in allen Kaminen ganze
Scheiterhaufen brennen. Ein Zugwind iſt überhaupt in den Tuilerien, von dem man keine
Vorſtellung hat. Die Verſchiedenheit der Tem-
peratur in dieſen ungeheuren Räumen verurſacht

oft in den fie verbindenden Thüren einen förm-
lichen Orfan.

Sehr ermüdet von so Vielem, was ich heute
gefehen, legte ich mich bald in mein breites und
fehr vortreffliches Himmelbett; aber ich konnte
lange nicht zur Ruhe kommen. Bald ftürzte
ein Scheiterhaufen im Kamin zusammen, so daß
plötzlich eine lichte Flamme aufloderte, bald
fchnurrte eine der vielen altmodifchen Stutz-
uhren, als ob fie daran erinnern wollte, daß
unter diefem Dache die Zeiten rafcher wechfeln
als anderswo. Selbft die unglaubliche Stille
hier mitten in der geräufchvollen Stadt fchien
befremdlich, welche, neben anderen Zwecken,
durch Entfernung des Straßenpflafters erreicht
worden ift. Die fchweren Vorhänge und Teppiche dämpfen jeden Schall, die Thüren bewegen
fich lautlos in ihren Angeln, und so hatte
ich den Kammerherrn nicht eintreten hören, den
Louis XIV. vom Louvre abgefchickt, um mich
zu fragen, wie er eigentlich zu dem Vorzug
meines Befuches in feinem Palaft gelangt fei.
Ich fuchte dem Marquis aus Gervinus' Gefchichte
zu beweifen, daß feit dem ancien régime doch

so mancherlei paffirt fei, und daß er hier eigentlich gar nicht mehr mitzufprechen habe. Er
zuckte hochmüthig die Achfeln und überließ mich
meinen eigenen geiftreichen Betrachtungen, über
welchen ich erft am folgenden Morgen erwachte.

Es ift fehr angenehm fo eingerichtet, daß
die Kaiferliche Familie den Prinzen erft von
Abends fieben Uhr in Anfpruch nimmt, und daß
man fo den ganzen Tag zur eigenen Verfügung
behält. Schon um neun Uhr früh, wo in Paris
die Sonne kaum aufgegangen, fetzten wir uns
in Bewegung, nach Umftänden incognito in vol-
tures de place oder officiell in Kaiferlicher
Equipage.

II.

Unsere nächste Excursion ging in erster Art am Freitag über die Boulevards nach der neuen Caserne Napoléon und dem Hôtel de ville. Die erste ist ebenso schön und elegant äußerlich, als schmutzig im Innern, letztere ein Palast, wie ihn wenige Könige so groß und prachtvoll bewohnen. Der Seine-Präfect, der den Prinzen empfing (denn auch das Programm der Excursion ist im Voraus festgestellt), hält hier Hof und repräsentirt die gute Stadt Paris. Bei einem Budget derselben von, ich glaube,

18 Millionen lassen sich schon einige Feste und Diners geben! Eigenthümlich schön ist der Hof dieses Prachtbaues mit der imposanten Freitreppe, welcher, von einem ungeheuren Krystalldach überdeckt, den größten und schönsten Salon bildet, in welchem wol 10,000 Gäste sich bewegen können. Der Fußboden wird dazu mit Teppichen belegt, und zahllose Gasflammen erleuchten die Säulen und Statuen des Gebäudes. Dies Stadthaus und die daneben liegende Caserne bilden übrigens im Mittelpunkte der Stadt ein hübsches strong-hold genau da, wo in kurzer Zeit zwei breite, fast gerade Straßen das schöne, lebhafte Paris rechtwinkelig durchschneiden werden. Man hat nicht blos zu bewundern, was Louis Napoleon geschaffen, sondern auch was er zerstört hat. Es ist hier eine Anzahl winkeliger Gassen und eine Häusermasse weggebrochen, die wol so groß sein mag, wie Breslau oder Magdeburg. Der so gewonnene Raum ist mit Palästen aus Quadersteinen für jetzt erst plattirt; dahinter stehen noch viel halbe Häuser, die aussehen, wie auf Bauzeichnungen der innere Aufriß, und welche alle Geheimnisse ihrer Gemächer,

Küchen und Treppen verrathen, außerdem wüste Plätze und Schutthaufen, wie nach einem Bombardement. Diese werden aber sehr bald verschwinden, wo der Raum so gesucht und das Bedürfniß nach Wohnungen so groß ist. Schon erblickt man aus der verlängerten Rue Rivoli die Julius-Säule auf dem Bastillenplatze, bis zu welchem diese Prachtstraße fortgeführt werden soll. Viele alte Prachtgebäude sind dabei an's Tageslicht gezogen, die man sonst im Gewirr der Straßen gar nicht bemerkte, z. B. der schöne, alterthümliche Churm von St. Jaques, welcher jetzt frei dasteht. Was das alles kostet, das findet sich wol in den Büchern der Municipalität. Da die Paläste die Wohnungen verdrängen, so muß natürlich für die unbemittelte Classe anderweitig gesorgt werden, und das thut der Kaiser unstreitig und in großem Maßstabe. Die Arbeiter werden dadurch freilich in die Vorstädte hinausgewiesen. Welchen Einfluß dies auf eine kräftige Handhabung der öffentlichen Ordnung und Sicherheit haben muß, das läßt sich leicht begreifen.

Nach dem Frühstück, einem vollständigen und vortrefflichen Dîner zu zwölf Couverts in

den Gemächern des Prinzen, sahen wir noch
Notre-Dame de Paris und den Jardin des
plantes mit den dort vereinigten Sammlungen.
Die schöne 120 jährige Ceder, deren Du Dich
erinnerst, war mir das Liebste. Ich erfuhr, daß
sie als Schößling in einem Blumentopf ans
England gekommen ist. Man findet aber jetzt
auch in der Umgegend schöne Exemplare der
Kinder des Libanon.

Abends war ganz kleines Diner beim Kaiser,
nur etwa zwanzig Couverts. Dann ein lang-
weiliges Ballet von drei Acten, les Elfes, im
großen Opernhaus, welches bis Mitternacht
spielte. Das Haus faßt 2000 Menschen, ist
aber an Pracht und Geschmack mit unserem
Opernhause nicht zu vergleichen. Der Hof benutzt die sehr bescheidene Prosceniumsloge zur
Linken; eine große Repräsentationsloge in der
Mitte ist nicht vorhanden. Der Kaiser wurde
mit vive l'Empereur empfangen. Der Prinz
saß zwischen ihm und der Kaiserin, dahinter nur
die Damen du palais und der General Niel.
Wir waren in kleinen Logen untergebracht. Ich
bemerkte, daß hier das Publicum des ersten

Ranges nie applaudirt. Dies ist Sache von
etwa 100 Personen in der Mitte des Parquets,
die wol die claque bilden. Amusant war es,
in das Foyer hinter der Bühne zu gehen, wo
die Tänzerinnen vor einem großen Spiegel ihre
Pirouettes übten. Außerordentlich schön sind aber
die Decorationen. Die Coulisse ist ganz be-
seitigt, die Malerei ist vortrefflich und man glaubt,
in eine reizende Landschaft zu sehen. Besondere
Pracht fand ich weder in den Costumes, noch
in der Beleuchtung.

III.

Am Sonnabend fahen wir die Gemälde,
welche in der 800 Fuß langen Galerie
aufgestellt sind, die längs der Seine bis zum
Louvre führt. Diese Verbindung, welche Napoléon I. beabsichtigte, ist jetzt auch auf der Seite
der Rue Rivoli durch Napoléon III. hergestellt.
Du erinnerst Dich wol aller der halben Häuser,
die dort im Wege standen; das ist jetzt alles
fort; fünf prachtvolle Pavillons und die ungeheuer
lange Verbindungsfront sind hergestellt. Um
ein Uhr waren im Schloßhof 22 Bataillone,

ca. 15,000 Mann, in Parade aufgestellt. Der
Kaiser ritt mit dem Prinzen die Front entlang.
Wir sahen hier die Marschälle Vaillant, Magnan,
Pelissier (Duc de Malakoff), Canrobert, Baraguay
d'Hilliers 2c. Hierauf fand eine Ordensvertheilung statt. Die, welche damit belohnt werden
sollten, wurden vor der Front der ganzen Parade
aufgerufen, und der Kaiser selbst händigte jedem
seine Decoration ein, indem er ihm freundlich
die Hand drückte. Dann erfolgte der Vorbeimarsch in Divisionen zu fünfzig Rotten. Das
Gewehr wurde noch nach der alten Art mit dem
linken Arm, aber sehr nachlässig, getragen, kaum
daß Alles Tritt hielt. Man gibt hier Nichts
darauf; bei uns wären Alle zum Nachexerciren
commandirt worden. Die Divisionen riefen,
wenn sie an den Kaiser herankamen, aber mehr
oder weniger vollstimmig, vive l'Empereur,
einzelne auch vive l'Impératrice. Die Kaiserin
war nämlich trotz des Regens bis zu Ende auf
dem Balcon des Pavillon de l'horloge. Der
Kaiser, zu dessen Rechten der Prinz hielt, nahm
übrigens von den Zurufen gar keine Kenntniß.
Ich wundere mich, daß er sie nicht ganz abschafft.

Gegen Ende der Parade war l'enfant Impérial von einer Spazierfahrt zurückgekehrt. Die achtmonatliche Kaiserliche Hoheit geruhten dann, aus ihren mit blauer Seide auswattirten Fenstern im Erdgeschoß einen Blick auf die Truppen zu werfen; wir ritten mit dem Kaiser heran, dem die Freude auf dem Gesichte strahlte, und es ist wahr, es ist ein prächtiger kleiner Bursche.

Nachmittags fuhren wir nach dem Hôtel des Invalides, welches 3000 alte Krieger beherbergt. Die Verwundeten aus dem Krimfeldzuge sind aber fast alle in ihrer Heimath mit 600 Fr. untergebracht. Wir besahen hier das künftige Grab Napoléon's unter der hohen, prachtvollen Kuppel des Doms. Dies Mausoleum ist allerdings ein dem großen Feldherrn vollkommen würdiges, in den ungeheuersten Dimensionen ausgeführt. Eine breite Marmorbalustrade führt rings um den kolossalen Porphyr-Sarcophag, der aber noch offen steht. Der Sarg des Kaisers, äußerlich von schwarzem Ebenholz, ist noch immer in einer der vier schönen Seitencapellen aufgestellt. Die ganze Idee ist von den Orléans (oder vielmehr von M. Thiers) ausgegangen. „L'empereur n'aime pas déposer son oncle ici, il le veut à St. Denis, comme chef de la dynastie future", und das begreift man. Freilich, einen solchen Raum wie hier findet er dort nicht.

Abends kleine Tafel beim Kaiser, dann théâtre du Gymnase. Wir hatten heute Vormittag im Louvre das große, ergreifende Bild von Müller gesehen, welches ein Gefängniß aus der Schreckenszeit der Revolution darstellt. Die nächsten Opfer zum Schaffot werden herausgeholt. Heute Abend sahen wir ein Stück aus derselben Periode, in welchem eine Frau ihren Mann rettet und die Republikaner natürlich keine schöne Rolle spielen. Das Haus war sehr besetzt, es ist übrigens recht häßlich. Die Herrschaften hatten eine sehr enge Seitenloge.

IV.

Am Sonntag früh besuchten wir das
Palais de justice auf der Seineinsel,
dessen Erdgeschoß den Kerker Marie Antoinette's
enthält, ein enges, schreckliches Gefängniß. Diese
Gewölbe sind die Ueberreste des alten Palastes,
in welchem die französischen Könige residirten,
während die Normannen das Land durchstreiften.
Außer ihnen ist noch die Chapelle sainte erhalten, ein prächtiger Bau, in welchem Ludwig
der Heilige seine Andacht verrichtete und wo
man sein Herz in einer Kapsel aufgefunden hat.

Die Capelle ist völlig in ihrer alten Pracht restaurirt mit unendlichem Schmuck an Farbe und Vergoldung.

Hiernach sahen wir das Hôtel Clugny, ein Bauwerk, welches mich vor Allem interessirt hat. Kirchen, Rathhäuser und feste Schlösser aus dem Mittelalter hat man genug, aber eigentliche Wohnhäuser aus dem 15. und 16. Jahrhundert sind recht selten, besonders in Deutschland. Man wendete wol selten große Kosten und ein sehr dauerhaftes Material an bloße Privatwohnungen. Manches wurde von der Zeit zerstört, noch viel Mehreres den kleinlichen Bedürfnissen unseres Zeitalters geopfert und umgewandelt. Was bei uns, namentlich in den Hansastädten, in Danzig, Elbing, Lübeck, Lüneburg und auch in Nürnberg und Augsburg an alten Häusern erhalten ist, trägt den Stempel des Bürgerthums; es sind meist hohe Giebelhäuser, in denen das untere Stockwerk durch große Hallen ausgefüllt ist, welche die Waaren aufnahmen, darüber die Staatszimmer, die eigentlichen Wohnräume meist klein und nebenher angebracht. Hier, unweit der Sorbonne, steht in

Paris das wohlerhaltene und ganz wiederher-
gestellte Wohnhaus eines Seigneurs aus der
Zeit Franz I.; Jean de Bourbon, Abt von
Clugny, erbaute, wie mein guide angibt, das
Haus 1480. Es ist ein ausgedehntes, zweistöckiges Gebäude mit mehreren Höfen und
schönen Treppenthürmen. Die Zimmer reichen
quer durch das ganze Haus und haben nach
zwei Seiten Fenster. Diese sind tief in die starken
Mauern eingelassen, durch ein starkes steinernes
Kreuz abgetheilt und durch in Blei gefaßte
Scheiben geschlossen. Das Ganze ist überaus
wohnlich und wohlhäbig. Das Hôtel Clugny
war später ein Nonnenkloster geworden; während der Revolution hauste Marat hier; jetzt ist
es Staatseigenthum und enthält eine Sammlung
der interessantesten Alterthümer und Kunstschätze.
Uebrigens ist der Platz auch sonst merkwürdig,
denn hier stand der Palast, in welchem die
römischen Präfecten Galliens und die ersten
französischen Könige residirten, bis Ludwig der
Heilige den Palast bauen ließ, dessen Gewölbe
die schon erwähnte Conciergerie im Palais
de justice bilden. Aus einem der Höfe des

Hôtel Clugny tritt man unmittelbar in das Frigidarium eines römischen Bades und man glaubt sich plötzlich nach Rom versetzt. Ein hohes, weites Gewölbe ruht auf Mauern von ungeheurer Dicke, aus Schichten flacher Ziegel und behauener Steine erbaut und mit römischen, selbst vorrömischen Sculpturen angefüllt; denn hier hielten die Suessionen ihren Druidendienst, als Sümpfe und dichter Wald noch die Seineinseln umgaben.

Um zwölf Uhr fuhren wir in die protestantische Kirche. M. Valette schloß den Prinzen und sein erlauchtes Haus, als die Beschützer des rechten, evangelischen Glaubens, in das Kirchengebet ein.

Nachmittags machten wir eine sehr interessante Spazierfahrt in kaiserlicher Equipage. Erst besuchten wir die Chapelle Saint-Ferdinand in der Route de la Révolte errichtet an der Stelle, wo der unglückliche Herzog von Orléans aus dem Wagen sprang, welcher sehr bald darauf zum Stehen gebracht wurde. Die Weltgeschichte hätte einen anderen Lauf genommen, wenn er sitzen blieb. Dann ging es durch

das Bois de Boulogne, dem vor allem Bäume
fehlen, wie unser Thiergarten sie zeigt. Aber
Kaiser Napoléon hat auch aus diesem Busch-
werke etwas zu machen verstanden. Schöne
Chaussee, weite Rasenfläche, ein ganzer See und
ein prächtiger Wasserfall sind seine Schöpfung.
Namentlich der Wasserfall ist von überraschender Schönheit und Großartigkeit. Man hat
ein wirkliches Gebirge von Kalkstein auf-
gethürmt und mit großem Geschick eine der
Höhlen nachgeahmt, die in dieser Formation so
oft vorkommen. Ein ganzer Fluß stürzt sich aus
dem Dunkel der Höhle und eilt dann durch eine
köstliche, freie Gegend, welche von den bewal-
deten Bergen umschlossen wird, an deren Fuß
St. Cloud und Sèvres so malerisch gelegen sind.
Wir besuchten das Lieblingsschloß der Napoléo-
niden, bewunderten den Reichthum und guten
Geschmack, mit welchem es eingerichtet ist, und
den wundervollen Blick aus den Fenstern und
von der Terrasse. Leichte, vierspännige Wagen
standen bereit, die uns in schärfster Gangart,
oft im Galopp, durch den Park und über die
Berge führten. Dann kehrten wir durch das

Gedränge von Equipagen, Reitern und Fußgängern im Bois de Boulogne nach den Tuilerien zurück.

Abends war ein Diner von 80 Couverts
beim Kaiser. Sämmtliche Marschälle waren geladen, an Diplomaten nur Lord Cowley und
Graf Hatzfeld. Man hatte uns die Ehrenplätze
eingeräumt. Ich saß zwischen Madame Bruat
(Wittwe des Admirals und Erzieherin des kai-
serlichen Prinzen) und Madame Walewsky sehr
angenehm. Alle Herren waren im schwarzen
Frack, pantalons collants, Ordensband über
der Weste.

V.

Montag fuhr der Prinz mit dem Kaiser nach Fontaineblean, um Fasanen zu schießen. Ich benutzte die Freiheit, um in Paris zu flaniren. Abends ganz kleiner Cercle bei der Kaiserin. Das Gespräch kam auf Magnetismus. Der Kammerherr M. B. wurde von einem anwesenden Arzt magnetisirt. Er muß seine Rolle sehr gut gespielt haben, oder er schlief wirklich. Er schwitzte und weinte dabei. „Vous souffrez?“ „Oui!“ „Où donc?“

„Am Herzen.“ „Vous ne dormez pas bien ici?“ „Non.“ „Où voudriez vous être?“ worauf die Kaiserin unterbrach: „Ah! ne posez pas cette question là, il dit quelques fois des bêtises.“

VI.

Dienstag war große Parforcejagd im Walde von Fontainebleau. Um zehn Uhr früh wurde aus den Tuilerien abgereist. General Schreckenstein und ich hatten die Ehre, mit der Kaiserin in derselben Kutsche nach dem Bahnhofe zu fahren. Ihre Majestät trug einen runden Civilhut und einen grauen Paletot über dem Reitkleid. Wir fuhren die neue Rue Rivoli bis zum Bastillenplatz und dann nach dem Bahnhof der Lyoner Bahn, wo ein Specialtrain bereit stand. Auf der gare bildeten Municipalgarden Spalier. Das anwesende Publicum rief vive l'Impératrice. In dem Salonwagen der Kaiserin befanden sich Gräfin Hatzfeld, die Damen Walewsky, de Contades (geb. Castellane) und St. Pierre, der General Rollin, einige Herren und wir. Es hatte die Nacht ziemlich stark gefroren, der Tag war sonnig und schön, und die Gegend nahm sich prachtvoll aus. Man fährt immer im Thal der Seine, die in schönen Windungen dahinfließt. Bei dem anmuthig gelegenen Melun passirt man den Strom auf einer stattlichen Brücke. Bald tritt man in das bewaldete Hügelland, welches das alte, geschichtlich so interessante Fontainebleau umgibt. Die sämmtlichen Officiere des dort stationirten Dragonerregiments zu Pferde machten die Escorte durch den hübsch gebauten Ort bis an die große Freitreppe in der Cour du cheval blanc, wo der Kaiser und Prinz Friedrich Wilhelm Ihre Majestät empfingen. Es wurde schnell ein kleines Frühstück eingenommen, und ich hatte eben noch Zeit, die prächtige Galerie Franz' I. und den Saal Heinrich's II. zu durchlaufen und einen Blick in die ausgedehnten Höfe zu werfen, die

von den Bauwerken im verschiedensten Stil umgeben sind, welche hier die französischen Herrscher seit Ludwig dem Heiligen aufgeführt haben.
Franz I., Heinrich IV., Ludwig XV. und
Napoléon's Geschichte knüpfen sich an diese
Mauern. Die vollständige Restauration wurde
durch Louis Philippe ausgeführt. Charakteristisch
sind auch hier die vielen Pavillons mit hohen,
steilen, oben abgestumpften Dächern, wie Du sie
von den Tuilerien und Schloß Eu in Erin-
nerung hast. Die Pavillons sind dann durch
lange Galerien verbunden. Das ausgedehnte
Gebäude ist durch Gärten mit Wasserspiegeln,
Bosquets und Rasenplätzen umgeben und in
größerer Ferne durch den 36,000 Arpents
großen Wald umschlossen. Eine beträchtliche Zahl
sechsspänniger Jagdwagen führte die ganze Gesellschaft nach dem etwa eine halbe Meile entfernten Rendezvous, wo die Pferde und die Meute
hielten. Wer nicht reiten wollte, konnte der Jagd,
so gut es gehen wollte, im Wagen folgen. Der
Weg zum Rendezvous führte uns anfangs durch
eine sandige Ebene, theils mit dichtem Fichten-
wald, theils mit altem Eichen- oder jungem

Buchenwald bestanden. Bald aber erstieg die Straße eine ziemlich bedeutende Anhöhe, und plötzlich sahen wir uns in eine Felsgegend mit tiefen Schluchten versetzt. Die großen Kalksteinplatten lagen oft so dicht, daß kaum eine Vegetation dazwischen Platz fand, und steile, schmale Fußwege führten in die Thäler hinab. Dazwischen folgten dann wieder ausgedehnte Waldreviere mit sternförmig angelegten Schlägen, in welchen der sandige Boden die stärksten Gangarten begünstigte. Es war klar, daß man sich stets auf den Wegen halten mußte, und daß außerhalb derselben nicht fortzukommen war.

Auf dem Rendezvous fanden wir 50—60 Pferde, fast alle englisches Vollblut und von einer Schönheit und einer eleganten Zäumung, die Nichts zu wünschen übrig ließ. Ich glaube, daß der Stall des Kaisers der am besten ausgestattete in der Welt ist; wenigstens der englische ist gar nicht damit zu vergleichen. Seltsam ist es, daß man hier im Winter alle Pferde barbirt, wie in Italien, oder vielmehr das ganze Haar wird mit einer Vorrichtung von Spirituslampen abgesengt. Eine Art Mausefarbe ist daher vorherrschend, aber die Pferde gerathen nicht so leicht in Transspiration; im Stall müssen sie freilich sorgfältig bekleidet werden.

Einen Hirsch hatte ich noch nicht hetzen sehen. Die Hunde sind etwas größer, übrigens von demselben Schlage wie bei uns. Ich hatte erfahren, daß ein sehr scharfes Tempo geritten würde und daß die Jagd selten weniger als eine Stunde dauert. In dieser Umgebung, in einem ganz fremden Terrain war es mir keineswegs gleichgültig, ob ich Herr meines Gauls sein würde. Ich eilte daher, in den Sattel zu kommen, ritt zur Probe einen der Schläge hinab, kehrte aber völlig beruhigt zurück, denn mit einem solchen Pferde mußte jede Jagd geritten werden können.

Nachdem Alles aufgesessen war, was die Jagd zu Pferde mitmachen wollte, ritt man nun nach dem eine viertel Meile entfernten Punkt, wo der Hirsch gespürt worden war. Die Hunde wurden auf die Fährte gebracht, die Wald- hörner erschallten, und fort ging's einen langen, geraden Schlag hinab, daß einem die Haare sausten.

Der Zug war prächtig anzusehen. Die französischen Herren trugen alle das Hofjagd-coſtüm, den kleinen chapeau à trois cornes mit weißen Straußfedern beſetzt, grüne Röcke mit rothſammtenen Kragen und Aufſchlägen, alle Nähte mit breiten, goldſilbernen Treſſen beſetzt, couteaux de chasse, weiße Bein-kleider und Stulpſtiefel. Der Kaiſer trug dazu den Stern des ſchwarzen Adlerordens. Schade, daß wir Preußen unſere ſcharlachrothen Jagd-röcke nicht mithatten; wir nahmen uns im Frack beſcheiden genug aus. Der Prinz wenigſtens hatte einen eleganten Reitanzug und ſah ſtatt-lich aus auf einem prachtvollen engliſchen Fuchs. An Damen ritten nur die Kaiſerin, Madame de Contades und Madame de St. Pierre, alle in dreieckigem Federhut und grüner Jagduniform, mit den nöthigen Modificationen. Die Kaiſerin führte das ganze Rennen im ſchärfſten Tempo; ſie ſitzt ruhig und elegant zu Pferde und ſieht ſehr gut aus. Madame Contades reitet, ich möchte faſt ſagen, zu gut. Sie coquettirte mit der Lebendigkeit ihres Braunen, der gar nicht anders als in Lançaden ging; jeder Andere würde gewiß alle Mühe gehabt haben, auf diesem Gaul im Sattel zu bleiben. —

Da man den Hunden durch das Dickicht nicht folgen konnte, so kam es darauf an, immer denjenigen Schlag zu wählen, der wieder auf die Fährte zurückführte. Es gab daher scharfe Wendungen, aber auch manchen kleinen Halt. Nun war der Hirsch aber so klug gewesen, sich in das Felsterrain zu flüchten, wo man nur zu Einem auf steilem Fußpfad fortkommen konnte. Das gab denn ein schönes Bild. Die Sonne schien prachtvoll, die Gegend war malerisch wild, aber man durfte nicht lange weilen, denn es galt, den Zug auf dem nächsten Waldweg durch vermehrte Schnelligkeit wieder einzuholen. Das war auch bald geschehen bei solchen Pferden, und eine Erleichterung, wenn man die prächtigen, aber etwas schwer auf der Hand gehenden Thiere ganz frei auslaufen lassen konnte.

So ein Hirsch rennt noch anders, als unsere Sauen, und dazu die weiten Umwege, die man machen muß. Schon waren wir 55 Minuten geritten, als die Kaiserin mit ihren

Damen Halt machte und uns vorüber ließ. Wir waren fast wieder zu dem Punkt gekommen, von wo wir ausgeritten. Die Hunde schienen auf eine falsche Fährte gerathen zu sein, und wir gelangten nochmals in die Felsgegend, dann in dichtes Gehölz und Sumpf. Bald wurde die zersprengte Meute wieder versammelt. Alles sprang vom Pferde, um über Felsblöcke und Morast an einen Dümpel zu gelangen, wo Hallali gemacht wurde. Der Hirsch mußte, bereits verendet, aus dem Wasser gezogen werden. Die Jagd hatte fast $1^{3}/_{4}$ Stunden gedauert. Alle Preußen, welche mitgeritten, waren bei der curée, der Prinz, beide Reuß, Barner, Romberg und ich. (Ich hatte noch außerdem das Glück gehabt, den Hut des Kaisers aufzugreifen, der bei einer Wendung an einem Wachholderbusch hängen geblieben war.) Eben wollten wir zu unseren Pferden zurückklettern, als es hieß, die Kaiserin sei da. Wirklich war es den muthigen Damen gelungen, durch Sumpf und Steinblöcke bis zum Ort des Hallali zu gelangen, einem hohen, freien Plateau, einer Steinwüste ähnlich. Es wehte ein scharfer Wind, und

da man ganz naſſe Füße bekommen, ſo war ich
ſehr zufrieden, bald wieder in Bewegung zu
kommen. Es gab einigen Aufenthalt, denn die
Pferde waren vertauſcht; aber auf einem zweiten,
ebenſo vortrefflichen konnte ich die Uebrigen in
einer flotten Carrière noch vor dem Rendezvous
einholen. Dort fand ich Paletot und Plaid, und
bald leuchtete auch das alte Schloß, das ſo
manchen Jagdzug aufgenommen hat, im Abend-
licht durch die Baumgruppen. An den mächtigen Kaminfeuern erwärmte man ſich, und nach
einem angenehmen Jagddiner fuhren wir nach
Paris zurück. Das Souper wurde beim Prinzen
eingenommen, und Abends ging ich noch in das
kleine Theater im Palais Royal.

VII.

Heute **Mittwoch** haben wir die Sculpturen
im Louvre besehen. Die berühmte Venus
von Milo (freilich ohne Arme) verdunkelt fast
die übrigen Kunstschätze, die hier vereinigt sind.
Interessant war mir, in einem der Säle den
großen Kamin in Stuck wiederzufinden, den ich
im Franc zu Brügge in Holzschnitzwerk gesehen
habe. Wir fuhren dann noch nach der Gobe-
linsfabrik, wo die wundervollsten Sachen ausgeführt werden. Man arbeitete an den Porträts berühmter Franzosen, die im Louvre auf-

gestellt werden sollen und welche wie die feinsten Pastellgemälde aussahen. Der Künstler hat an einem solchen Porträt ein ganzes Jahr zu thun. Um ein Uhr stand die Infanterie, Cavallerie und Artillerie der Garde im Hofe der Tuilerien en parade aufgestellt. Der Vorbeimarsch fand auf dem Carroussellplatz statt.

Nach einem vortrefflichen Dîner bei Graf Hatzfeld fuhren wir noch in die Oper und sahen die beiden letzten Acte der „Favoritin" von Donizetti. Roger und Mad. Borghi-Mamo sangen.

VIII.

Donnerstag schon um halb neun Uhr fuhren wir in zwei vierspännigen Postwagen nach St. Denis. Die Postillone tragen die kaiserliche Livrée, Grün mit Gold, dreieckige Hüte und gepuderte Zöpfe. Es wird aus dem Sattel gefahren, die Pferde mit Schellengeläute, das Posthorn durch Knallen mit der Peitsche ersetzt, ein Courier vor, zwei hinter dem Wagen. Die Fahrer tragen eine Art Schurzfell aus Ziegenfellen, das Rauhe nach Außen. In sehr scharfem Trabe ging es über den Vendômeplatz, Boulevard des Italiens, Chauffée d'Antin durch die Barrière de Clichy. Es war sehr kalt und naß, und von der Gegend Nichts zu sehen. Die prächtige Kathedrale beschreibe ich Dir nicht, sie ist Dir wol erinnerlich. Nach dem Frühstück fuhr der Prinz nach Vincennes, es regnete aber unaufhörlich. Abends großer Ball bei der Kaiserin.

Um zehn Uhr war die Gesellschaft versammelt, der Hof in schwarzem Frack, ein Theil der übrigen Herren aber in Uniform. Die Kaiserin war sehr einfach und geschmackvoll gekleidet, ganz weiß, das Kleid von der feinsten Mousseline mit Volants, sehr weit und abstehend, im Haar einen weißen Schleier von Silberstoff und Grün, ein Collier und einen Gürtel von großen Diamanten.

Der prächtige, große Saal im Pavillon de l'horloge war so hergerichtet, daß außer der Estrade an den Wänden noch zwei Reihen, mit rothem Sammet gepolsterter Sitze den eigentlichen Raum zum Tanzen umschlossen. Die Damen saßen alle, nur sehr wenige Paare tanzten. Der Prinz eröffnete den Ball mit der Kaiserin im contre-danse, gegenüber der

Kaiser mit seiner Cousine, der Prinzeß Mathilde; dann walzte der Prinz mit dieser, die Kaiserin mit dem Prinzen Napoléon.

Es war schwer zu circuliren, obschon nur etwa 500 Personen geladen waren, da Alles sich in den einen Saal drängte. Das Souper war im Theater gedeckt an kleinen Tischen. Sonst Alles wie bei jedem anderen Ball.

IX.

Freitag früh halb neun Uhr mit Postpferden über St. Cloud nach Versailles. Dieser Palast soll 300,000,000 Thlr. gekostet haben. Aber Ludwig XIV. überlebte Frankreichs und seine eigene Größe; der Hof keines seiner Nachfolger vermochte das Riesenschloß so recht mehr auszufüllen. In einem der vielen Säle sind die Versammlungen der Reichsstände zu verschiedenen Perioden abgebildet, Franz I., der sie in Rouen, Heinrich IV. in Notre-Dame, endlich Ludwig XVI., der die Notabeln in Versailles empfängt, das war le commencement de la fin. Von hier wurde er und die unglückliche Marie Antoinette nach der Conciergerie abgeführt. Napoléon hatte den Gedanken, Versailles wieder zu beziehen, aber die erste Einrichtung sollte 50 Millionen kosten. Louis Philippe stellte das Schloß wirklich wieder her, aber das Bürgerkönigthum konnte unmöglich den Hof Ludwig's XIV. erneuern. Versailles wurde „à toutes les gloires de la France" gewidmet. Auch Napoléon III. hat es dabei gelassen. Die Wohnungen für 3000 Hofbeamte und die Ställe für 1000 Pferde sind mit zwei Kürassierregimentern belegt; das Schloß selbst ist ein Museum für Bilder und Sculpturen geworden, welche alle großen Momente und Begebenheiten aus Frankreichs Geschichte darstellen. Natürlich finden sich hier sehr viele mittelmäßige Gemälde, die ihren Platz nur dem Gegenstande verdanken, aber auch David's und Vernet's Meisterwerke. Am bekanntesten ist der Ueberfall des Lagers Abd-el-Kadr's, welches Bild, glaube ich, 80 Schritt lang ist und aus einer Reihe der interessantesten Gruppen besteht. Wir

fuhren nach dem kleinen Trianon, wo ein vortreffliches Frühstück eingenommen wurde, deffen
Hauptelemente, dindon truffé, paté de foie
gras, homards, Fasanen und köstliches Obst,
ich nicht unerwähnt laffen will.

Sodann wurde die Militärschule von St.
Cyr besichtigt. In diesem ursprünglichen Fräu-
leinstift werden 700 junge Leute in zwei-
jährigem Curfus für Infanterie und Cavallerie
zu Officieren herangebildet. Die Anstalt ist
großartig und mit 400 Reitpferden, schönen
Sammlungen, Modellen ꝛc. ausgerüstet. Sehr
reinlich fah es nicht aus. Die Eleven waschen
sich, wie in den Cafernen, unten auf den Corri-
dors in einem gemeinsamen Lavoir. Am fau-
bersten waren die Ställe. Ein Bataillon exer-
cirte, und ich bemerkte dabei, daß die Franzofen
auf die bei den Paraden gänzlich vernachläffigte
Präcifion in Griffen und Critthalten doch Werth
legen, wo sie sie erreichen können. Bei uns
darf mit den Kolben nicht fo aufgeftoßen werden, und nur ein verdorbenes Gewehr kann bei
den Griffen fo schön klappern. Das französische
ist derb, etwas plump, aber sehr gut und halt-

bar gearbeitet. Man will hier vom präcifen Schießen nicht viel wiffen und verfpricht fich wenig davon im felde. Nur die Chaffeurs d'Afrique und die Garde-Infanterie haben gezogene Gewehre. Mit dem Miniégewehr wird bis jetzt in der Commiffion experimentirt; es ift noch keineswegs eingeführt, zumal man fich über das Gefchoß nicht einig ift. Eine fo zarte Waffe wie unfer Percuffionsgewehr dürfte man der franzöfifchen Infanterie gar nicht in die Hände geben; dazu gehört die unendliche Sorgfalt und Aufficht, die bei uns auf die Mannfchaft und ihr Gewehr verwendet wird.

Wir fuhren nach Groß-Trianon, fahen die goldenen Krönungswagen, befuchten dann die reizend gelegene ferme der Marie Antoinette und kehrten Abends nach Paris zurück.

Bei Tafel faß ich nahe beim Kaifer, der fich eingehend nach Sansfouci und deffen Einrichtung erkundigte. Abends in der Oper der langweilige Corfaire.

X.

Du wirst Dich wol gewundert haben, wie die Blätter meines Cagebuches von hier Dir zugegangen sind. Mit der Post wollte ich Nichts schicken, obwol ich nichts Verfängliches geschrieben. Wir sind überaus freundlich aufgenommen und ich habe aus bester Ueberzeugung fast nur Lobendes und Anerkennendes mittheilen können; indeß wirst Du Einiges zwischen den Zeilen zu lesen haben. Die hiesigen Zustände sind keine normalen, aber es dürfte schwer anzugeben sein, was unter den einmal bestehenden Verhältnissen besser zu machen sei. Niemand kann sein eigener Enkel sein, und der Gründer einer neuen

Dynaftie hat eine andere Stellung als der Erbe einer Reihe legitimer Vorfahren. Dieser fährt in dem alten Geleife, jener hat neue Bahnen zu brechen, und unendlich größere Ansprüche werden an feine Perfönlichkeit gerichtet.

Napoléon III. nun hat Nichts von dem finfteren Ernft feines großen Onkels, nicht die imperatorifche Haltung und das berechnete Auf- treten. Er ift ein ganz einfacher, ziemlich kleiner Mann, deffen ftets ruhiges Geficht entfchieden den Eindruck gemüthlichen Wohlwollens macht. „Il ne se fâche jamais, il est toujours poli et bon envers nous, ce n'est que la bonté de son cœur et sa confiance qui pourront lui devenir dangereux," fagen feine Umgebungen. Daß in diefem Augen- blick nur eine Partei herrfcht, und daß der Kaifer felbft aus diefer Partei fich nicht immer mit den bedeutendften Männern umgeben kann, liegt in der Nothwendigkeit. Charaktere, die ihren eigenen Weg gehen wollen, kann Louis Napoléon nicht brauchen, weil die ganze Leitung der Staats- gefchäfte in feiner Hand concentrirt bleiben muß. Bei geregelten Zuftänden darf Jedem eine größere

Freiheit gelassen werden; in der gegenwärtigen
Lage Frankreichs kann nur eine kräftige, ein-
heitliche Leitung bestehen, die übrigens dem
französischen Charakter auch wol am besten zu-
sagt. Die Freiheit der Presse ist hier für jetzt
ebenso unmöglich, wie bei einer Armee im Felde,
wenn sie die Maßregeln des commandirenden
Generals discutiren wollte. Louis Napoléon hat
Klugheit, Rücksichtslosigkeit, Festigkeit und Selbst-
vertrauen, aber auch Mäßigung und Milde gezeigt, Alles verdeckt unter äußerlicher Ruhe.
Nur zu Pferde sieht man den Imperator in
ihm. Einfach für seine Person, vergißt er nicht,
daß die Franzosen den Hof ihrer Souveräne mit
Glanz umgeben wissen wollen. So fährt der kleine
Prinz spazieren, voraus ein Piqueur und drei
guides à cheval mit aufgenommenen Pistolen.
Dann ein Officier mit einer Abtheilung Dragoner
vor und einer Abtheilung hinter dem vierspännigen Wagen. Alle Wachen treten in das Gewehr
vor dem achtmonatlichen enfant Impérial.

XI.

Karlsruhe, den 23. December.

Auf die dringende Einladung des Kaifers ift der Prinz einen Tag länger in Paris geblieben. Früh haben wir die Modelle und die köftliche Waffenfammlung des Artillerie-Dépôts befucht. Dann habe ich zahlreiche Tabatièren vertheilt und dem General Rollin 12,000 fr. für die Dienerfchaft überreicht.

Abends war große Tafel beim Kaifer, und nach derfelben beurlaubten wir uns. Um elf Uhr fuhren wir von der neuen, fchönen gare de Strasbourg ab. Die kaiferlichen Salonwagen

215

sind so eingerichtet, daß man alle möglichen Bequemlichkeiten hat, und ich erwachte erst in Saverne, von wo die Fahrt durch die Vogesen sehr schön ist. Es war traurig, die Leute dort deutsch sprechen zu hören, und dabei sind sie gute Franzosen. Wir haben sie ja im Stiche gelassen! Um neun Uhr erblickten wir den Münster, hielten uns aber in Straßburg nicht auf, wo aller Empfang verbeten war, sondern fuhren am 23. von Kehl mit Specialtrain hierher nach Karlsruhe.

Pierer'sche Hofbuchdruckerei. Stephan Geibel & Co. in Altenburg.